DEBUT D'UNE SERIE DE DOCUMENTS
EN COULEUR

SCIENCE ET RELIGION
Études pour le temps présent

L'ÉDUCATION CHRÉTIENNE
DE LA
DÉMOCRATIE

ESSAI D'APOLOGÉTIQUE SOCIALE

PAR

l'Abbé Charles CALIPPE

Docteur en théologie

PARIS
LIBRAIRIE BLOUD ET BARRAL
4, RUE MADAME ET RUE DE RENNES, 59

1899

SCIENCE ET RELIGION

Etudes pour le temps présent. — Prix 0 fr. 60 le vol.

— **Certitudes scientifiques et Certitudes philosophiques**, par le R. P. DE LA BARRE, S. J., prof. à l'Institut catholique de Paris. **1 vol.**

— *Du même auteur :* **L'Ordre de la nature et le Miracle.** **1 vol.**

— **L'Ame de l'homme**, par J. GUIBERT, supérieur du séminaire de l'Institut catholique de Paris. **1 vol.**

— **Faut-il une religion ?** par l'abbé GUYOT. **1 vol.**

— *Du même auteur :* **Pourquoi y a-t-il des hommes qui ne professent aucune religion ?** **1 vol.**

— **Nécessité scientifique de l'existence de Dieu,** par P. COURBET **1 vol.**

— *Du même auteur :* **Jésus-Christ est Dieu.** **1 vol.**

    id. **Convenance scientifique de l'Incarnation.** **1 vol.**

— **Etudes sur la pluralité des mondes habités et le dogme de l'Incarnation,** par le R. P. ORTOLAN.

I. — *L'Epanouissement de la vie organique à travers les plaines de l'infini.* **1 vol.**

II. — *Soleils et terres célestes.* **1 vol.**

III. — *Les Humanités astrales et l'Incarnation.* **1 vol.**

— *Du même auteur :* **La Fausse Science contemporaine et les Mystères d'Outre-tombe.** **1 vol.**

    id. **Vie et Matière ou Matérialisme et Spiritualisme en présence de la Cristallogénie.** **1 vol.**

    id. **Matérialistes et Musiciens.** **1 vol.**

— **L'Au-delà ou la Vie future d'après la foi et la science,** par l'abbé J. LAXENAIRE. **1 vol.**

— **Le Mystère de l'Eucharistie. — Aperçu scientifique,** par l'abbé CONSTANT. **1 vol.**

— *Du même auteur :* **Le Mal,** sa nature, son origine, sa réparation. **1 vol.**

— **L'Eglise catholique et les Protestants,** par G. ROMAIN. **1 vol.**

— *Du même auteur :* **L'Inquisition,** son rôle religieux, politique et social. **1 vol.**

— **Mahomet et son œuvre,** par I. L. GONDAL, professeur d'apologétique et d'histoire au séminaire Saint-Sulpice. **1 vol.**

— *Du même auteur :* **L'Eglise Russe.** **1 vol.**

— **Christianisme et Bouddhisme** (*Etudes orientales*), par l'abbé THOMAS, vicaire général de Verdun. **2 vol.**

— *Du même auteur :* **Dieu auteur de la vie.** **1 vol.**

    id. **La Fin du monde d'après la Foi.** **1 vol.**

— **Où en est l'hypnotisme,** son histoire, sa nature et ses dangers, par A. JEANNIARD DU DOT, auteur du *Spiritisme dévoilé.* **1 vol.**

— *Du même auteur :* **Où en est le Spiritisme.** **1 vol.**

    id. **L'Hypnotisme et la science catholique.** **1 vol.**

    id. **L'Hypnotisme transcendant en face de la philosophie chrétienne.** **1 vol.**

— **L'Apologétique historique au XIX⁰ siècle.** — **La Critique irréligieuse de Renan,** etc. par l'abbé Ch. DENIS.   1 vol.

— **Nature et Histoire de la liberté de conscience,** p. l'abbé CANET. 1 vol.

— **L'Animal raisonnable et l'Animal tout court,** par C. DE KIRWAN.   1 vol.

— **La Conception catholique de l'Enfer,** par l'abbé BRÉMOND,   1 vol.

— **L'Attitude du catholique devant la Science,** p. G. FONSEGRIVE, 1 vol.

— *Du même auteur :* **Le Catholicisme et la Religion de l'Esprit.** 1 vol.

— **Du Doute à la Foi,** par le R. P. TOURNEBIZE, S. J.   1 vol.

— *Du même auteur :* **Opinions du jour sur les peines d'outre-tombe.**   1 vol.

— **La Synagogue moderne,** sa doctrine et son culte, par A. F. SAUBIN. 1 vol.

— *Du même auteur :* **Le Talmud et la Synagogue moderne.**   1 vol.

— **Evolution et Immutabilité de la doctrine religieuse dans l'Eglise,** par M. PRUNIER, supérieur de grand séminaire.   1 vol.

— **La Religion spirite,** son dogme, sa morale et ses pratiques, par I. BERTRAND.   1 vol.

— *Du même auteur :* **L'Occultisme ancien et moderne.**   1 vol.

— **L'Hypnotisme franc et l'Hypnotisme vrai,** par le Dʳ HÉLOT. 1 vol.

— **L'Eglise et le Travail manuel,** par l'abbé SABATIER.   1 vol.

— **Unité de l'espèce humaine,** *prouvée par la similarité des conceptions et des créations de l'homme,* par le marquis de NADAILLAC.   1 vol.

— *Du même auteur :* **L'Homme et le Singe.**   2 vol.

— **Le Socialisme contemporain et la Propriété,** p. M. G. ARDANT 1 vol.

— **Pourquoi le Roman à la mode est-il immoral et pourquoi le Roman moral n'est-il pas à la mode ?** par G. d'AZAMBUJA.   1 vol.

— **Comment se sont formés les Evangiles,** par le P. TH. CALMES, professeur au grand séminaire de Rouen.   1 vol.

Viennent de paraître :

— **L'Impôt et les Théologiens.** *Etude philosophique, morale et économique,* par le comte de VORGES, ancien ministre plénipotentiaire, membre de l'Académie de Saint-Thomas, etc., etc.   1 vol.

— *Du même auteur :* **Les Ressorts de la Volonté et le libre Arbitre.**   1 vol.

— **Nécessité mathématique de l'Existence de Dieu.** *Explications — Opinions — Démonstration,* par René de CLÉRÉ.   1 vol.

— **Saint Thomas et la Question juive,** par Simon DEPLOIGE, professeur à l'Université Catholique de Louvain.   1 vol.

— **Premiers principes de Sociologie Catholique,** par l'abbé NAUDET.   1 vol.

— **La Patrie.** — *Aperçu philosophique et historique,* par J. M. VILLEFRANCHE.   1 vol.

— **Le Déluge de Noé et les races Prédiluviennes,** par C. de KIRWAN.   2 vol.

— **La Saint-Barthélemy,** par Henri HELLO.   1 vol.

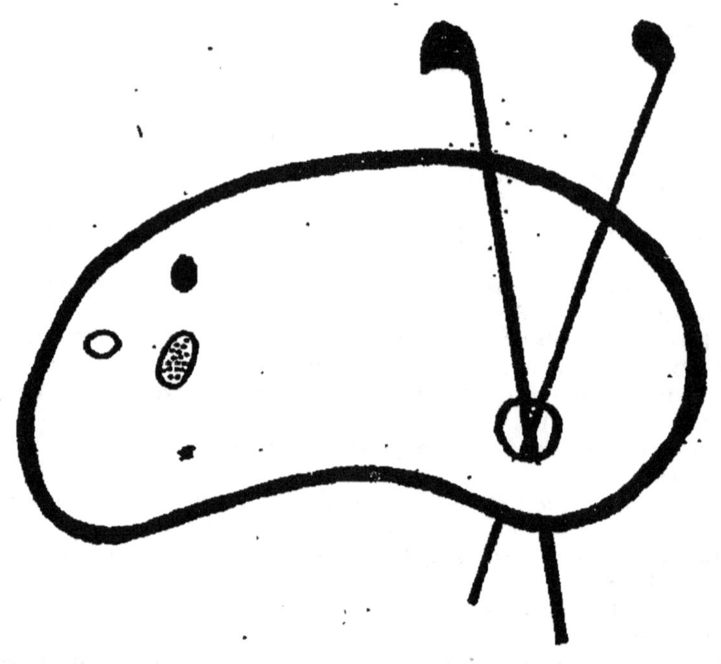

FIN D'UNE SERIE DE DOCUMENTS
EN COULEUR

L'ÉDUCATION CHRÉTIENNE

DE LA

DÉMOCRATIE

ESSAI D'APOLOGÉTIQUE SOCIALE

PAR

l'Abbé Charles CALIPPE

Docteur en théologie

PARIS

LIBRAIRIE BLOUD ET BARRAL

4, RUE MADAME ET RUE DE RENNES, 59

—

1899

AVANT-PROPOS

Partir du fait démocratique, en analyser exactement les conditions essentielles, et montrer que ces conditions, négligées ou dénaturées par les systèmes politiques qui se réclament de la Révolution française, ne peuvent être réalisées sans l'aide du catholicisme : telle a été la méthode et tel est le but de ce travail.

Or, le titre et les fonctions de citoyen exigent avant tout : dans l'ordre économique, l'indépendance ; dans l'ordre intellectuel et moral, l'éducation. Nous avons examiné naguère la première et la plus matérielle de ces exigences (1). Nous étudions maintenant la seconde qui est, sans contredit, la plus indispensable et la plus haute.

L'heure est propice : puisque l'on a remis en question la liberté d'enseignement, n'est-il pas opportun de montrer de quelles ressources dispose l'enseignement catholique pour affermir et pacifier la démocratie, au nom de laquelle on voudrait le proscrire ?

Ch. C.

30 juin 1899.

---

(1) *La Propriété dans une démocratie chrétienne ; Le Travail dans une démocratie chrétienne* (25, rue Nicolas-Leblanc, Lille.)

L'ÉDUCATION CHRÉTIENNE DE LA DÉMOCRATIE

I

UN COROLLAIRE DU SUFFRAGE UNIVERSEL

C'est l'honneur de ce temps que l'homme soit mis, par les changements sociaux d'alentour, dans la nécessité de devenir plus homme. Suffrage universel, démocratie, république : de quelque nom que l'on veuille désigner ces changements, et sous quelque aspect qu'ils se présentent, on reste frappé de leur caractère prodigieusement hardi. Le pouvoir a cessé d'être la propriété exclusive d'un seul ou de plusieurs ; chacun, désormais, en a sa part. A chacun donc de se conduire, non plus en enfant que l'on mène, mais en homme qui a la maîtrise et la responsabilité de soi. — Qui saura bien dire toutes les conséquences de ce déplacement de l'autorité publique, et apprécier les impulsions nouvelles qu'en reçoit l'histoire ?

*
**

« Le monde, écrivait Nicole, est plein de gens stupides et qui ne pensent à rien. » Peut-être n'était-ce pas de son temps un péril grave. Mais aujourd'hui ? Aujourd'hui que les affaires communales, nationales, étrangères, dépendent du vote et, par conséquent, de l'état mental de la majorité des citoyens, les « gens stupides » n'ont-ils pas la faculté d'entraver, là où ils sont le nombre, la marche de tous les autres ? Nulle part donc leur présence n'est plus désastreuse que dans un pays libre : ils étendent leurs ravages de l'ordre privé à l'ordre public et portent préjudice à tout un peuple. Chacun, dès lors, se trouve intéressé, par le seul jeu des institutions politiques, à leur disparition progressive. L'instruction cesse d'être un agrément, un ornement de l'existence individuelle pour devenir un élément constitutionnel de l'Etat moderne : ce n'est plus uniquement la passion pour les doctrines ou la bonté pour les hommes, c'est le civisme lui-même qui commande de la répandre.

Au même titre que la science, la conscience voit grandir aussi son rôle. Le pouvoir ne peut en effet s'appuyer que sur la force ou sur la vertu, sur les gens d'armes ou sur les gens de bien. Sans une majorité d'hommes honnêtes, il est difficile à n'importe quel gouvernement de se maintenir : à une République, c'est impossible. Les malfaiteurs et les vauriens y apparaissent comme des coupables de lèse-patrie et des criminels d'Etat.

Créer cette élite de citoyens pourvus de savoir et de bon vouloir ; et, pour que son action soit décisive, faire en sorte que cette élite soit la majorité : telle est l'œuvre essentielle des démocraties.

« L'opinion publique, écrivait Le Play, attribuera de plus en plus à ceux qui éclairent les masses par la parole, l'influence accordée autrefois à ceux qui les protégeaient par l'épée (1). » A vrai dire, cette influence n'est pas nouvelle. Mais n'y eut-il pas un temps où, loin de s'étendre à tout un peuple, à l'humanité, savants, artistes et lettrés se resserraient dans la cour des rois ou le salon des princesses ? Ce temps n'est plus. En se transformant, la puissance politique a multiplié le nombre de ceux qui les protègent et qu'ils honorent.

Les Mécènes d'aujourd'hui sont dans le peuple ; ils sont le peuple. La pensée s'est échappée des parchemins aristocratiques qu'enluminaient les moines ;

(1) LE PLAY, *Réforme sociale*, ch. V, § 47, concl.

hiéroglyphes et phylactères ne la contiennent plus. La vraie chose révolutionnaire, c'est le livre ; ce n'est déjà plus le livre, c'est la revue, c'est le journal, c'est l'homme-affiche. Le papier et l'imprimerie ont fait cette merveille qu'on ne maudit pas sans l'admirer, et qu'on ne bénit pas sans trembler. Le succès vient de la foule. C'est elle qui juge. Elle glorifie ou elle flétrit, elle célèbre ou elle oublie. Elle pensionne. On la flatte en d'humbles préfaces, on l'encense en des sonnets « liminaires » attendris. C'est trop peu dire : elle est devenue l'héroïne des belles-lettres et des beaux-arts. Les misérables ont leurs poètes, et les plus obscures vertus leurs panégyristes officiels. Les « genres nobles » sont en décadence : il n'y a pour ainsi dire plus de « genres ». Le drame succède à la tragédie ; la conférence s'introduit auprès du « discours » et du sermon, le théâtre et le roman absorbent de plus en plus la morale et la politique, l'histoire et la science, les colères et les rêves des peuples. Dans ce chaud contact avec l'idée démocratique, les lettres vont-elles, à la fin, devenir plus « humaines » ?

A côté des hommes de pensée, voici maintenant les hommes de bien, les héros, les saints. Cette aristocratie morale, sans laquelle une élite intellectuelle resterait vaine et périlleuse, n'a, fort heureusement, jamais perdu, et pour cause, le contact du peuple : pourrait-elle, en effet, trouver pour ses vertus une meilleure expression que les bonnes œuvres ? Et pourtant, sur ce point même, plus d'un changement est à noter : car, aujourd'hui, quel Bourdaloue se hasarderait à dire que « la vertu n'a pas de meilleur fondement que la grandeur » ? Et quel Racine oserait écrire que la calomnie lui paraît mieux placée dans la bouche d'une nourrice que sur les lèvres d'une princesse ?

Or, il y a des hommes qui sont appliqués, d'office,

à élargir sans cesse les rangs de cette élite. Fonction utile, fonction nécessaire, fonction plus actuelle que jamais, puisque le régime qui exige le plus impérieusement l'élévation mentale et morale de l'homme, apparaît comme le terme naturel de cette élévation même.

Quel est, en effet, l'élément essentiel de la dignité, de la royauté humaine dont la démocratie est la forme politique et sociale, sinon l'intelligence ? « Les animaux, les plantes, n'ont point la vie rationnelle qui leur permettrait de se conduire eux-mêmes. Toujours ils *sont agis*, comme par autrui, par les impulsions de leur instinct, et c'est un signe qu'ils sont naturellement esclaves (1). » Ceux qui pensent sont donc naturellement libres. Les instruire, c'est les affranchir : plus sûrement que l'épée, la vérité les délivre.

Elle ne les délivre pas seule : et la « justice » se présente comme sa nécessaire coadjutrice. Servir Dieu, c'est régner, répètent volontiers, après Sénèque, les moralistes. Ce n'est pas uniquement d'une souveraineté mystique qu'il s'agit là. Ni la force ni le bon plaisir n'en imposent à ceux qui servent Dieu et qui le reconnaissent, lui seul, pour leur maître ; et ils n'en imposent à personne. Ils peuvent donc faire une nation d'hommes libres : mieux que les parchemins princiers, la conscience anoblit l'homme et l'institue roi.

***

Curieuse rencontre, et qui n'est pas la moins caractéristique du siècle ! Les démocrates, pressés par les exigences de la démocratie, vont au-devant des éducateurs du peuple. Et les éducateurs, par la vertu

(1) S. Thomas, *Summa theol.* 2a 2æ, q. 61, a. 1 ad 1um.

libératrice de l'éducation, préparent la voie aux démocrates ou à des démocrates meilleurs.

Peut-être vont-ils, chacun en son chemin, séparés les uns des autres. Séparation passagère et contraire à la logique qui domine l'histoire ! Ils sont la partie organique du même tout ; et, tôt ou tard, il faudra qu'ils s'allient. Les démocrates devront cesser de renier les éducateurs qui poursuivent leur œuvre émancipatrice en dehors des contingences de l'émancipation ; et les éducateurs devront résister à la tentation de faire de l'éducation, contrairement à toute raison, une arme contre la démocratie.

Le champ de bataille est assez vaste pour qu'on ne l'élargisse point à plaisir : car, là même où l'existence de la démocratie n'est point et ne saurait être en cause, il reste toujours à discuter son orientation ; et, sur ce point, le conflit — d'ordre métaphysique et religieux plutôt que d'ordre politique — menace vraiment d'être redoutable !

Qu'on pense à tout ce qu'il faut d'idées précises, décisives et décidées sur l'homme, les hommes, le monde — sur leur origine et leur but — pour faire un homme qui sait, un homme qui veut agir ! D'où venons-nous ; où allons-nous, où devons-nous aller ? Il faut le savoir avant d'apporter un concours compétent et conscient, afin de donner une impulsion quelconque à la marche politique, économique, sociale d'un peuple. — Or, les réponses s'entrecroisent et se contredisent. Et elles empruntent à leurs conséquences pratiques une valeur imprévue. La démocratie donne ainsi aux discussions théologiques et métaphysiques une activité plus intense ; elle rouvre, à sa manière et sous d'autres formes, l'ère des guerres de religion. Les représentants des sciences les plus hautes et les plus impassibles voient leurs chaires se changer en tribunes et leurs investigations dégénérer, quoi qu'ils en aient, en querelles de rue. Le « temple serein » où Raphaël, dans sa fresque fameuse et si résolument calme de l'*Ecole d'Athènes*, a rassemblé « les sages », est envahi et troublé par les passions populaires. Les doctrines deviennent des programmes autour desquels s'agitent et se débattent des partis.

C'est que tout fait relève d'une idée. Toute combinaison économique ou politique est l'expression sociale d'une foi religieuse ou d'un système philosophique. La conception générale du monde sert habituellement de type à la conception de l'État ; et les hommes sont ainsi faits qu'ils rêvent d'organiser leurs mutuels rapports de la façon même dont ils conçoivent leurs rapports avec Dieu et l'univers. A toute modification de la foi et du « culte » correspond une modification parallèle de la « culture » générale et de la civilisation. Et chacun donc, dans la mesure même où il participe à la direction politique de son pays, doit prendre parti pour ou contre les doctrines philosophiques ou religieuses qui commandent la politique. Au contact de la lutte des intérêts, la lutte des idées recommence avec une âpreté nouvelle. Par l'intermédiaire du suffrage universel, la théologie rentre en scène et s'impose aux préoccupations du peuple. C'est ainsi que les révolutions, en bouleversant les institutions sociales, ont opéré par contre-coup une révolution profonde dans la conscience morale et religieuse. En acquérant le droit de conduire la chose publique, de veiller à sa bonne gestion et d'exprimer sur sa direction leurs opinions et leurs désirs, les citoyens sont devenus les défenseurs obligés de leur foi : c'est à eux qu'est transféré le devoir de protéger leur Dieu et leur Eglise. Ils sont les « évêques du dehors ».

*
* *

A les regarder moins dans leur conception théorique que dans leur réalisation sociale, les systèmes qui, aujourd'hui, s'offrent au choix des citoyens peuvent se ramener à trois : l'individualisme, le collectivisme (qui, opposés l'un à l'autre dans les faits, se rencontrent dans les idées générales qui leur servent de points de départ), et enfin le catholicisme. Ces doctrines n'emportent pas seulement des notions contradictoires et irréductibles de la foi et de la moralité : en même temps qu'une théologie ou une philosophie, elles sont une sociologie. Car, l'homme n'est ni ange ni bête : il participe de l'un et de l'autre ; et c'est à travers les combinaisons matérielles du monde que doivent évoluer et se maintenir hautes et bonnes sa pensée et sa conscience. Nous ne l'oublierons pas : et, pour juger en connaissance de cause les projets de formation intellectuelle et morale que multiplient les partisans de ces régimes divers, nous aurons soin de les placer dans leur milieu économique en les rapprochant de l'organisation correspondante de la propriété et du travail.

Et, puisque cette organisation peut apporter une aide précieuse ou opposer un redoutable obstacle à la science et à la conscience, nous avons donc, pour l'apprécier, un criterium nouveau. Nous ne dirons plus seulement : celle-là est la bonne qui assure à tous le nécessaire et procure au plus grand nombre le plus de bien-être. Nous ajouterons : celle-là est la meilleure qui fait les âmes les plus lumineuses et les plus justes.

II

L'ÉDUCATION PAR LA SCIENCE

Les hommes qui ont pris à cœur de propager chez nous la conception individualiste et révolutionnaire de la démocratie ont, sur un point, accepté d'être logiques : ils ont voulu, d'une volonté tenace et inébranlable, l'instruction pour tous. Ils ont compris que, pour façonner, suivant leur idéal particulier, l'âme nationale, il leur fallait transformer l'école. Pour la mieux transformer, ils l'ont prise : c'est au maître d'école qu'ils ont, comme un dépôt sacré, confié leur rêve. En d'autres temps, d'autres régimes avaient largement contribué à développer l'enseignement primaire : la troisième République l'a marqué de son empreinte en le rendant, par la loi Ferry, obligatoire, gratuit et neutre.

Quoi que l'on pense de la puissance effective des coercitions légales, on ne peut nier que l'Etat ait le droit d'exiger, « de chacun de ses ressortissants, un degré déterminé de culture intellectuelle » (1). Appelés à participer un jour au gouvernement de la chose publique, les enfants doivent être préparés à l'usage utile de cette prérogative. Leur avenir civique, étroitement lié au bien général et à l'ordre public, légitime et commande l'intervention de l'Etat. Obligatoire, l'instruction, sous peine de rester inaccessible à tous, devenait forcément gratuite. — Pour prolonger, après l'école, l'influence de l'école, voici maintenant les cours d'adolescents et d'adultes, les conférences de littérature et d'histoire, les patro-

---

(1) KETTELER, *Œuvres choisies* (Cité par Decurtins, *Préface,* p. XXXVII).

nages, destinés à développer, au profit du jeune homme et de l'homme fait, l'instruction élémentaire qu'avait reçue l'enfant. Rien n'est épargné : tant on a conscience de tenir, avec l'enseignement, l'avenir même de la démocratie !

« L'instruction primaire imposée à tous, l'école secondaire offerte à tous » (1), l'enseignement supérieur ouvert à tous : de l'un à l'autre de ces degrés, tout homme invité à monter, aussi haut qu'il peut, au gré de ses aptitudes et par la seule force de son travail, à charge de redescendre ensuite pour communiquer aux autres le savoir acquis : telle est « l'échelle de Jacob » nouvelle sur laquelle vont et viennent, dans la gloire, les officiers de l'instruction publique, messagers de l'Etat.

Belle vision ! On a seulement oublié que l'homme n'est point un ange, et ne vit pas uniquement de lumière. « Guérir la misère intellectuelle, écrivait naguère Jules Simon, c'est le plus sûr moyen de guérir la misère matérielle (2). » Comme de telles affirmations sonnent faux quand on les jette au milieu de nos angoisses présentes ! La question était de savoir si les conditions économiques qui sont faites aux hommes du peuple comme ouvriers rendent possible la conservation des connaissances qu'on leur demande d'acquérir comme citoyens. En effet, quoi de plus urgent ? Les institutions scolaires et post-scolaires serviront beaucoup à tous les autres, mais nullement, ou peu s'en faut, à ceux qui manquent du minimum de biens matériels indispensable à la vie intellectuelle, même élémentaire,

____

(1) V. Hugo, *Les Misérables*, 5° partie, § 1.

(2) Jules Simon, *L'instruction gratuite et obligatoire*, Brochure de propagande éditée par la « Librairie de la bibliothèque démocratique » (187.).

et qui doivent se surmener pour ne pas être privés du nécessaire. Si, comme l'a démontré Spencer, « l'excès d'application intellectuelle » amène la dégénérescence physique, réciproquement, l'excès d'application physique amène la dégénérescence intellectuelle (1). Ceux qui ont pratiqué certains milieux peuvent concevoir un état, très voisin de la brute, où des gens sans foyer et presque sans famille ne sont plus capables, même quand ils savent lire, écrire et compter, que d'impressions et de sensations toutes matérielles.

Et leur travail, le plus souvent, n'est point fait, de sa nature, pour les « spiritualiser ». — « Les ouvriers doivent travailler avec la main, écrivait Gœthe ; mais il faut qu'une vie propre anime cette main (2). » S'en est-on inquiété ? L'intelligence est-elle un élément indispensable de l'activité des hommes du peuple, telle que les économistes l'ont faite ? Leurs occupations exigent-elles un certain développement mental ou réduisent-elles au contraire leur faculté de penser à sa plus simple expression ?

Il faut d'abord noter qu'aujourd'hui les richesses se produisent, se répartissent, se consomment d'après des méthodes de plus en plus savantes : cela même est un des plus notables événements de l'histoire économique du siècle. Et il semble donc que la part d'intelligence et de savoir requise par la main-d'œuvre ait dû augmenter dans les mêmes proportions.

Observez cependant les grandes entreprises agricoles, industrielles et commerciales : les sciences, dont on y fait une application de plus en plus étendue, à qui sont-elles à peu près exclusivement né-

(1) Herbert Spencer, *L'éducation physique, intellectuelle et morale.*

(2) Gœthe, *Wilhelm Meister*, 2ᵉ part., liv. III, ch. XI.

cessaires ? Aux directeurs de la ferme, aux chefs de l'atelier, quand ceux-là ne laissent pas le soin de penser, toujours pénible, à un ingénieur ou à quelques ouvriers d'élite. C'est à eux de concevoir, de comprendre, de connaître, de combiner. Les autres ne sont guère plus, pour la plupart, que des outils appliqués à une tâche déterminée, uniforme, restreinte. Ils ne sont pas même outils pensants. Qu'ils meuvent les bras de droite à gauche ou de gauche à droite, avec la précision d'un pendule : voilà ce qui importe et tout ce qu'on leur demande. Dans ces actes, réalisent-ils du moins quelque pensée personnelle ? Nullement ; ils sont les exécuteurs automates d'une pensée étrangère dont la portée leur échappe, des instruments que meut un esprit séparé d'eux, supérieur à eux. L'extrême division des tâches tend à leur enlever toute compréhension de ce qu'ils font et à les réduire au rôle d'hommes de peine pour qui l'accomplissement matériel de la besogne est tout, le but et la beauté de la besogne, rien. En même temps que le capital, l'intelligence s'éloigne du travail manuel.

Dans ces conjonctures, le zèle même qu'on apporte à exalter l'instruction devient funeste, lorsqu'une vue profonde des conditions économiques du développement intellectuel ne le dirige pas, et lorsqu'on ne s'efforce point d'intellectualiser l'œuvre des mains. Le beau résultat si, en voulant former des citoyens meilleurs, on aboutit à enlever à ces citoyens mieux informés l'estime de leurs occupations journalières !

Il semble en effet que ce soit une tare, et qu'il faille autant que possible et par tous les moyens s'en affranchir. Le temps n'est plus où riches et pauvres se rencontraient dans le commun emploi de leurs forces corporelles ; où l'artisan était d'autant p'us fier de son « art » que des gens voués aux labeurs de l'esprit, et, au premier rang, les prêtres et les moines, l'honoraient en s'y exerçant. Quiconque a

le moindre prétexte de se croire instruit (et les di-
plômes ont pour effet de multiplier ces prétextes) se
précipite, au contraire, vers les professions libérales,
et abandonne à de moins « cultivés » les besognes
réputées humiliantes et plus dures. Les ouvriers eux-
mêmes ne résistent pas toujours à cette poussée :
leur propre dignité ne leur inspire plus confiance.
Accablés et isolés par une tâche parfois plus machi-
nale qu'humaine, ils ont l'ambition d'en préserver
leurs fils. En leur facilitant l'accès de l'enseignement
secondaire et supérieur, on a d'avance favorisé leur
dessein ; les mêmes efforts qui ont permis aux capa-
cités de se faire jour ont peuplé les carrières libérales
de talents sans emploi qui forment les principaux
éléments d'un prolétariat intellectuel grandissant et
redoutable. Prolétariat ? En parlant d'eux-mêmes,
c'est « aristocratie » qu'ils disent. Et ils voudraient,
pour cette belle raison qu'ils pensent, régenter le
monde. Leurs opinions, leurs idées leur paraissent
être l'expression la plus adéquate de leur moi : en y
soumettant les autres, c'est à eux-mêmes que ces
aristocrates les soumettent ; en observant les faits,
c'est à leurs théories que ces idéologues les plient.
S'ils ne vivent point de l'ordre établi, malheur ! Ils
vivront du désordre et de la révolte.

*
* *

Si le désir sincère et logique d'améliorer la condition intellectuelle du peuple exige à lui seul une
réforme de l'économie individualiste, l'économie individualiste appelle, de son côté, une réforme intégrale des mœurs. — S'est-on soumis à cette impé-
rieuse condition du régime nouveau ; a-t-on tenté
de créer des mœurs qui soient en harmonie avec
les libertés auxquelles on se fiait si imprudemment, et nécessaires pour les empêcher d'être mor-
telles ?

Graves questions, auxquelles on avait des raisons de ne point songer. « Détruisez la cave Ignorance, écrivait un jour Victor Hugo, vous détruisez la taupe Crime » (1). C'était traduire, en une langue plus qu'étrange, le rêve de toute une génération. — La Science ! Bien plus aisément que la « misère matérielle », elle allait guérir la misère morale : elle n'avait qu'à toucher l'âme populaire pour y faire lever des moissons de vertu !

Aussi l'intervention de l'Etat est-elle demeurée sur ce point toute négative. — Dans les écoles qui relèvent de lui et qu'il destine à la formation des citoyens de demain, l'Etat établit, au point de vue confessionnel, la plus stricte neutralité. C'est dire que la morale ne doit plus faire corps avec une religion positive, quelle qu'elle soit : elle deviendra « laïque » et les églises, officiellement, n'auront plus à concourir à son maintien. Naturellement, on ne s'en tient point là : après avoir refusé de choisir entre les religions, va-t-on choisir entre les métaphysiques ? Si l'on a le courage de se prononcer sur l'existence de Dieu, de l'âme, de la vie future, on maintient, il est vrai, les principes supérieurs et transcendants qui servent de points d'appui ou de sanction aux lois morales ; mais cette métaphysique est le vieux et sûr chemin par où les religions passent : pour éconduire définitivement celles-ci, pour ne pas courir le risque de les voir rentrer par la fenêtre après les avoir mises à la porte, il faut écarter résolument celle-là. Tel n'est point le but qu'on vise, peut-être, mais tel est du moins le résultat qu'on obtient.

Et la morale ? Indépendante des dogmes religieux et des concepts métaphysiques, elle tombera sous la dépendance des faits. Au lieu d'être un chapitre du

(1) V. Hugo, *Les Misérables*, III° P., §

catéchisme, elle sera un corollaire de l'anthropologie. Qu'on observe, autant qu'on veut, les faits moraux ; et qu'on s'applique à en tirer des lois destinées à devenir le Code nouveau de l'humanité future. Ces lois tout empiriques ne dépasseront jamais les faits dont elles ne seront qu'une généralisation. Au lieu de les dominer et de les régir, elles ne pourront, étant basées sur eux, que les justifier et les consacrer. Que l'on ne compte donc point sur elles pour tempérer l'individualisme et tâcher de le rendre indemne : elles s'en inspirent, au contraire, et elles s'y plient. Le développement du moi devient un axiôme dont la lutte pour la vie est la forme sociale. Darwin avait découvert et raconté que la sélection naturelle et l'élimination des faibles par les forts étaient la loi fatale des êtres inférieurs. On eut vite fait d'étendre cette loi du règne animal au règne humain et de donner à cette description scientifique un interprétation morale : à défaut de la conscience, la zoologie fournit ce nouvel impératif catégorique. — La chute est-elle assez grande ! Pendant des siècles, on avait accoutumé le peuple à lever les yeux au ciel et à chercher dans les infinies perfections de Dieu l'exemplaire achevé des perfections humaines. Sous l'impulsion de cette foi qui plaçait son modèle en dehors et au-dessus des vulgarités terrestres, il ne se pouvait point que l'humanité, visant si haut, tombât trop bas. Et voilà maintenant que c'est aux sphères les plus inférieures de la création qu'on va demander des règles de conduite ; et, pour avoir refusé de devenir « semblable à Dieu », on a la confusion de devenir « semblable aux bêtes » et de s'en faire gloire. Survienne un penseur anarchiste, comme F. Nietzsche, il lui suffira de pousser à l'extrême limite de la brutalité cette loi de lutte, pour achever de substituer l'idée de force à l'idée de bien où de mal : « Qu'est-ce que le singe pour l'homme ? un rire et une honte douloureuse. Voilà ce que l'homme doit être pour l'homme surhumain : un rire et une honte douloureuse... (1) » Tout comme la sélection naturelle des types les plus complets de la race simiesque a produit l'homme d'aujourd'hui, l'élimination des types les plus faibles de l'espèce humaine par les plus forts produira « l'homme surhumain » de l'avenir.

**

On n'a aucune peine à concevoir que de tels résultats suggèrent des récriminations. On s'effraie de voir se multiplier les crimes et croître l'immoralité. On s'aperçoit que, dans un pays qui consacre en fait la souveraineté du nombre, on n'a contre le nombre qu'une arme : l'éducation. Cette arme, on a négligé de s'en servir. « Ni l'école n'est un milieu moral, ni le collège,... confesse douloureusement M. Lavisse. Nous avons oublié l'éducation (2). » En affinant les cerveaux on a cru purifier les âmes. « Le défaut général de notre système d'enseignement, déclare M. Alfred Fouillée, a été la prédominance de la conception intellectualiste et rationaliste, héritée du dernier siècle, et qui attribue à la connaissance surtout scientifique un rôle exagéré dans la conduite morale (3). » On ne saurait signa-

(1) F. Nietzsche, *Also sprach Zarathustra.* (Cité par Ed. Schuré, *Revue des Deux-Mondes* du 15 août 1895.)

(2) E. Lavisse, *Journal des Débats,* 12 oct. 1891, édit. du soir. Voir le livre *A propos de nos écoles.* (Colin).

(3) A. Fouillée, *Les jeunes criminels, l'école et la presse (Revue des Deux-Mondes,* 15 janv. 1897). — Ecoutons un autre observateur contemporain : « Malgré l'obligation scolaire, les millions dépensés, les méthodes renouvelées, *non seulement la criminalité ne diminue pas, mais elle gagne de plus en plus l'enfance. Il serait injuste et puéril de dire que l'école l'a développée ; il est permis toutefois de supposer qu'elle n'a pas rempli toute sa mission, qu'il y a un vice d'organisation à discerner et à détruire,* car il est urgent d'arrêter cette lamentable et périlleuse précocité du crime. » E. Blum, *Le mouvement pédagogique (Revue philosophique,* mai 1897). — Il faut lire, sur cette question, l'important article anonyme qu'a publié la *Revue des Deux-Mondes* du 15 février 1893, sous ce titre : *L'instituteur primaire et l'enseignement de la morale.*

ler avec plus de courageuse précision la cause du mal. M. Jules Payot s'applique, de son côté, à en décrire l'effet présent. Parce qu'on a rejeté, sans la remplacer par une autre, l'ancienne éducation religieuse des volontés, voici l'alternative dans laquelle on se trouve aujourd'hui placé : ou bien la démocratie tombera dans la boue et le sang, ou bien elle ira, en désespoir de cause, redemander au catholicisme une direction et une aide. Ou l'Eglise ou les Barbares, — à moins que l'on ne trouve et que l'on ne sache employer les ressources qu'il faut pour arriver, sans le secours des religions, à la maîtrise de soi (1).

Et, dans l'espoir d'arracher à l'Eglise les générations à venir, on ne recule pas devant cette nouvelle aventure.

Mais où trouver le point d'appui de cette morale civilisatrice dont la première et la plus essentielle condition est de n'être point religieuse ? C'est ici que les difficultés commencent : on cherche encore « l'âme de l'école ». Et ceux qui croient le plus résolument l'avoir découverte, soit dans le patriotisme, soit dans une théorie de la solidarité, en sont réduits à renier, dès leurs premiers pas, le principe même de l'individualisme.

En dégageant l'individu de tout lien, de toute interdépendance naturelle avec autrui, on avait jusqu'ici rendue impossible et inconséquente cette œuvre d'action sur autrui qui est l'éducation : il ne restait plus que le respect des droits, c'est-à-dire, ainsi qu'on l'entend, de la liberté qu'a l'enfant de n'être conduit par personne. On veut s'efforcer désormais de montrer à l'enfant non pas tant ce que la société lui doit que ce qu'il doit lui-même à la société. Croyons-en M. Léon Bourgeois : « C'est quelque chose de bien grand et de bien difficile, disait-il récemment, que d'apprendre au jeune homme qu'il doit se considérer, non pas comme un être isolé,

(1) Jules Payot, *L'éducation de la démocratie* (Colin).

ayant le droit de ne penser et de ne songer qu'à lui-même, mais comme un être associé, qui ne peut rien s'il n'est dans l'association, et qui ne mérite pas moralement d'être dans l'association, s'il ne paie pas la redevance du bien qu'il tire d'elle... Il faut inspirer à cet adolescent, encore ignorant de la vie, l'amour de son prochain ; il faut lui révéler toutes les jouissances et toutes les joies qu'il tirera de cet échange... (1) »

Donnant, donnant ; vis pour les autres puisque tu vis par eux : voilà tout à la fois le précepte fondamental de la morale nouvelle, et la raison d'être de ce précepte. — Quoique nous fassions, tous les êtres sont nos collaborateurs ; à la moindre de nos actions concourent toutes les forces terrestres et célestes ; dans le plus élémentaire de nos efforts, il y a un monde : ce fait scientifique va prendre, dans les consciences mieux informées de demain, la place qu'avaient occupée dans le passé les faits dogmatiques.

Cette solidarité cosmogonique n'est pourtant que le prélude et comme le signe de la solidarité humaine. Nous autres hommes, en effet, nous sommes un. Tout ce que nous avons, tout ce que nous sommes, à qui le devons-nous ? Aux générations passées, à nos ancêtres. En nous, ils prolongent leur existence. Nous bénéficions de leur travail : du travail de leurs mains et de leur pensée, de leurs découvertes intellectuelles et de leurs efforts moraux ; et, pour tout dire, nous portons le poids de leurs erreurs et souffrons de leurs fautes. A leur œuvre, nous ajoutons la nôtre, bon gré mal gré. Tous nos actes dépassent le cercle étroit de notre vie individuelle ; ils ont une portée sociale. L'égoïsme absolu est impossible. Agir pour soi, rien que pour soi, serait un crime, si ce n'était un rêve (2).

(1) Léon Bourgeois, *L'éducation de la démocratie*, recueil de discours (Cornély). — Cf. *Solidarité*. (Colin).
(2) Jules Payot, *L'éducation de la démocratie*.

Il ne s'agit que de communiquer à ce fait physiologique et nécessaire, en en prenant conscience et en l'acceptant, une valeur morale. — Mais comment diriger de ce côté toutes les énergies de la volonté ? Comment répandre et populariser ces devoirs ? — Qu'on emprunte à l'Eglise ses méthodes, répond résolument M. Payot ; et qu'on s'y prenne pour déterminer les hommes à servir les autres, comme elle s'y prend pour les pousser à servir Dieu. Et il insiste, à l'égal des mystiques, sur le recueillement intérieur, la méditation et l'examen de conscience, sur l'oisiveté, mère des vices, la fuite des occasions et le choix d'un bon directeur. Il en appelle à saint Ignace de Loyola et à Fénelon, à Nicole et à saint François de Sales. Il écrit toute une *Introduction à la vie dévote*, moins la dévotion. Il laïcise, dans le feu de son zèle, la spiritualité même... (1)

Cependant, l'action des méthodes, on s'en rend bien compte, aurait, seule, peu d'efficace. Et, en tout cas, il faut quelqu'un pour les mettre en œuvre. Ce quelqu'un, c'est l'Etat. Puisque sa prospérité et sa vie même sont étroitement liées à l'observation de ces devoirs, l'Etat a le droit de les imposer. Qu'il les impose donc. Mais là est l'écueil. Dès que la morale ne s'appuie plus sur Dieu, c'est-à-dire, à bien y regarder, sur une force extérieure et supérieure à la société, elle ne repose plus que sur les mutuelles conventions de la société même. Elle n'est devenue indépendante de Dieu qu'à la condition de tomber sous la dépendance de l'Etat, interprète hypothétique et absolu de la volonté générale, qui la codifie, la promulgue et la sanctionne. Elle est le préliminaire passager d'une morale collectiviste.

_____

(1) J. Payot, *L'éducation de la volonté*. (Alcan). — Voir aussi : *Avant d'entrer dans la vie : aux instituteurs ; conseils et directions pratiques*.

III

L'ÉDUCATION SOCIALISTE

Quand on étudie les réformes que souhaitent d'introduire dans la formation populaire les socialistes, on rencontre d'abord une affirmation très catégorique : « Les moyens de s'instruire doivent être les mêmes pour tous (1). » Au point de vue mental et moral, aussi bien qu'au point de vue économique, le privilège est une injustice et l'aristocratie une tare. — Mais quels seront ces « moyens » ? Sur ce point, les dissentiments éclatent. Ceux d'aujourd'hui exaltent la science ; ceux d'autrefois la dénigrent. Les uns aspirent à donner à tous les citoyens toute la culture intellectuelle possible ; les autres veulent la réduire à son minimum le plus strict. Tous fascinés par le même rêve d'égalité sociale, ils cherchent à le réaliser, tantôt dans la limitation légale, tantôt dans l'extension illimitée du savoir.

Que l'on demande aux socialistes contemporains de justifier leurs vues, ils ne restent pas à court d'arguments. Ils invoquent, premièrement, « le droit de chacun à l'instruction la plus complète que la nation puisse lui donner, comme nécessaire pour qu'il jouisse de lui-même ; — en second lieu, le droit de ses concitoyens à ce qu'il soit instruit, comme nécessaire pour qu'ils jouissent de lui ; — enfin, le droit des êtres futurs à une ascendance cultivée et intelligente (2). » Ce n'est pas seulement l'enseigne-

(1) Programme de la *Revue Socialiste.*
(2) BELLAMY, *Looking bakward.* (Traduit en français sous ce titre : *Seul de son siècle en l'an 2000,* par le vicomte COMBES DE LESTRADE (Guillaumin). — Voir aussi le dernier livre de BELLAMY, *Equality,* et l'article de Mme TH. BENTZON : *Le communisme dans la fiction,* dans la *Revue des Deux-Mondes* du 1er oct. 1897.

ment primaire ou même secondaire, c'est l'enseignement supérieur qu'ils rêvent d'universaliser. Si le grec et le latin sont généralement bannis de leurs programmes, l'économie politique et sociale y occupe en revanche une place prépondérante ; et, avec elle, la connaissance théorique et pratique des industries nationales. Ils espèrent former ainsi des hommes véritablement complets auxquels l'organisation économique permettra d'exceller tout à la fois dans les labeurs du corps et de l'esprit (1).

A ces spéculations hasardeuses, Le Play a opposé l'observation directe des réalités. Il l'a constaté : la puissance intellectuelle de la majorité des hommes est limitée, et les moyens de s'instruire fussent-ils exactement les mêmes pour tous, tous n'en retireraient pas un égal profit : au point de vue du savoir il y aura toujours une plèbe (2).

Et ne serait-ce point précisément parce qu'ils pressentaient leur inaptitude à réaliser jamais l'égalité dans le savoir que Babeuf et les ancêtres français du socialisme s'en tenaient à l'égalité dans l'ignorance ? Partant de ce principe que ce qui n'est pas accessible ou communicable à tous doit être rigoureusement retranché, ils entreprirent de « proscrire les livres » au même titre que les aristocrates; ils se doutaient bien qu'en maintenant les lettres et les arts, ils ne seraient jamais sûrs de ne pas se retrouver un jour en présence d'une élite intellectuelle — forme nouvelle de l'aristocratie ancienne — et ils aimaient mieux s'en épargner la surprise (3).

(1) Ce n'est pas d'aujourd'hui que de grands penseurs se sont préoccupés de l'instruction intégrale ou de « la culture méthodique de la totalité des facultés de l'intelligence par le moyen de l'universalité des sciences » ; mais les efforts tentés dans ce sens par un Descartes ou un Comte n'ont rien de commun avec les projets collectivistes. — Voir la *Nouvelle Revue*, 15 janvier 1898 : *Un réformateur de l'éducation* (A. Comte), par M. BERTRAND.
(2) LE PLAY, *Réforme sociale*, ch. V, § 47.
(3) M. ALFRED FOUILLÉE a exprimé, dans un article de la *Revue des Deux-Mondes* du 1ᵉʳ mars 1899, la crainte de voir ce programme, ou un programme analogue, devenir la loi de la future société collectiviste. (*L'idée de justice sociale d'après les écoles contemporaines.*)

Mais, si contradictoires que soient ces projets, qu'ils prescrivent l'enseignement comme un droit et un devoir absolus, ou le proscrivent comme un privilège, ils ont, par un côté, une indéniable parenté : ils font tous de l'État le régulateur unique et suprême de la pensée, le directeur omnipotent de la conscience publique. Sur ce terrain, les socialistes d'autrefois et d'aujourd'hui se rencontrent ; et, pour eux tous l'école nationale est le vestibule naturel des ateliers nationaux.

« La patrie a le droit d'élever ses enfants, s'écriait Robespierre ; elle ne peut confier ce dépôt à l'orgueil des familles, ni aux préjugés des particuliers. » — « Les enfants, reprenait Danton, appartiennent à la République avant d'appartenir à leurs parents... C'est dans les écoles nationales que l'enfant doit sucer le lait républicain. » — « Tous les enfants, sans distinction et exception, insistait Lepelletier Saint-Fargeau dans un rapport sur l'instruction publique, lu par Robespierre à la Convention, les garçons de cinq à douze ans, les filles de cinq à onze ans seront élevés en commun, aux dépens de la République ; tous, sous la sainte loi de l'égalité, recevront même nourriture, même éducation, mêmes soins (1). » — « Les enfants seront élevés en commun, déclare à son tour Babeuf, dans le *Programme des Égaux* ; nul enfant ne portera le nom de son père... »

Rapprochons les affirmations de ces enfants terribles des affirmations peut-être moins brutales, mais tout aussi catégoriques d'un Diderot ou d'un Rousseau. Dans son *Plan d'une Université pour le gouvernement de Russie*, Diderot demande que les enfants trouvent à l'école « des livres et du pain ». « La loi, déclare de son côté Rousseau, doit régler la

---

(1) « Dans l'emploi de la journée, ajoute-t-il, le travail des mains sera la principale occupation : tout le reste sera accessoire. » — Voir TAINE, *La Révolution*, t. III *Le Gouvernement révolutionnaire*, p. 112. « A cinq ans, écrit pareillement MORELLY, tous les enfants seront enlevés à la famille, et élevés en commun aux frais de l'État, et d'une façon uniforme. » MORELLY, *Code de la nature*.

matière, l'ordre et la forme des études... Tous étant égaux par la constitution de l'Etat, doivent être élevés ensemble et de la même manière (1). » Et, sans doute, Rousseau ne parle ici que de la noblesse polonaise ; mais, si l'identité d'éducation est une suite normale de l'égalité civique, qui ne voit qu'en un temps et un pays où tous les citoyens sont reconnus égaux « par la constitution de l'Etat », il sera logique de proclamer et d'organiser l'égalité des « études » ? Ces docteurs quasi-officiels de la société moderne sont ainsi les vrais promoteurs de l'école nationale que rêvent les socialistes ; et ceux-ci, pour relever d'eux, n'ont même pas, au point de vue scolaire, à faire l'effort de chercher les conséquences plus ou moins lointaines de leurs principes, ils n'ont qu'à reprendre ces principes et à les appliquer tels quels.

*
* *

Il ne faut donc point s'étonner que les disciples de Rousseau se rencontrent ici avec les disciples de Babeuf. Quand il y a si peu de divergence dans les idées, il ne saurait y en avoir beaucoup dans les faits ; dans l'ordre intellectuel comme dans l'ordre économique, le collectivisme n'est que l'individualisme à un degré ultérieur d'évolution.

Si le collectivisme consiste essentiellement dans la réduction ou l'annihilation, au profit de l'Etat, des droits individuels et familiaux, jamais encore il ne s'est affirmé avec une plus tranquille audace. L'idée qui a dominé ce siècle, la voici bien : l'enseignement est un service d'Etat. Le régime que l'on a proposé d'appliquer à la production, on l'applique d'avance à l'instruction. Ou plutôt, si, à l'heure présente, on ne l'applique plus, ce n'est pas faute de le vouloir. Il a fallu

(1) ROUSSEAU, *Considérations sur le gouvernement de Pologne*, ch. IV, Éducation. — Tout ce chapitre est à méditer.

près d'un demi-siècle de lutte pour ébranler un peu ce principe et conquérir la liberté de l'enseignement primaire, secondaire, supérieur (1). Liberté toujours menacée, et remise périodiquement en question. Liberté toujours précaire dont l'Etat, par l'intermédiaire des certificats et des brevets, des baccalauréats et des licences, redevient en partie le maître et qu'il modère à son gré. Car, s'il y a un enseignement libre, il y a en revanche un enseignement hautement privilégié, qui est l'enseignement public ; et nulle part ce fait n'est plus manifeste et plus douloureux que dans certaines dispositions de la loi scolaire. L'école est obligatoire, et nous avons dit que c'était bien. L'école est gratuite, et nous avons dit que c'était nécessaire. Mais pourquoi réserver aux seules écoles publiques le privilège de la gratuité : les autres n'ont-elles aucun droit à une reconnaissance nationale ? — Pourquoi enlever aux pères de famille le droit de choisir les maîtres de leurs enfants et les mettre dans l'alternative de prendre ceux qu'on leur impose, ou d'en rétribuer d'autres ? — Pourquoi restreindre aux laïques seuls le droit d'enseigner dans les écoles publiques : les autres, pour avoir fait vœu d'enseigner, sont-ils déchus de leurs droits civiques ? — Pourquoi interdire aux ministres des cultes reconnus l'accès des écoles de l'Etat ? (2)

Les collectivistes n'ont donc point ici de bastille à démolir. Il leur suffit de répondre aux avances qui

(1) La liberté d'enseignement, consacrée en principe par la Charte de 1830, est reconnue pour l'enseignement primaire par la loi Guizot, dès 1833. — L'enseignement secondaire, après l'échec successif des projets Guizot (1836), Villemain (1841 et 1844), de Salvandy (1847), est déclaré libre en 1850 par la loi Falloux, après des luttes célèbres au cours desquelles s'illustrèrent les Montalembert, les Parisis, les Dupanloup. — Il fallut lutter jusqu'en 1875 pour obtenir enfin la liberté de l'enseignement supérieur.

(2) « Nous ne verrions, pour notre part, aucun inconvénient, écrivait en 1889, M. Lichtenberger, doyen de la faculté protestante de Paris, dans un rapport au ministre de l'instruction publique, comme le voulait l'éminent promoteur des nouvelles lo s scolaires, à ouvrir l'école au prêtre et au pasteur pour y donner l'instruction religieuse en dehors des heures de classe. »

leur sont faites. Ils le reconnaissent eux-mêmes. «*Sur ce point*, déclarait un des leurs, *le parti socialiste professe des idées qui se confondent avec celles du parti républicain... Il faudrait que chaque cerveau reçût le maximum de développement et de culture qu'il est susceptible de recevoir.*» Et, dans ce but, le député socialiste propose « d'augmenter le nombre de bourses et d'appeler le plus grand nombre possible d'élèves des écoles primaires dans les établissements d'enseignement secondaire (1). » C'est presque le lycée obligatoire et gratuit.

Si l'on veut se rendre compte par des faits mieux que par des paroles de l'éducation intégrale que rêvent les collectivistes, il faut l'étudier dans cet orphelinat de Cempuis que dirigeait un ancien membre de l'Internationale, et qu'ils nous ont donné eux-mêmes comme un type de l'école future. Cet exemple concret illustrera leurs thèses. — Cet internat est mixte : de quatre à seize ans, garçons et filles sont élevés en commun ; et l'on veut bien nous enseigner que, « loin d'engendrer l'immoralité, l'éducation mixte tend à la détruire, ou plutôt à l'empêcher de naître ». On étudie « la musique, le dessin, les travaux manuels, le français, les langues vivantes, l'histoire, la géographie, l'arithmétique ». La gymnastique, la natation et, en général, tous les exercices corporels y ont une place d'honneur. L'enseignement est aussi peu théorique que possible. Tour à tour maçon ou tailleur, agriculteur ou jardinier, mécanicien ou typographe, chaque enfant, jusqu'à l'âge de treize ans, « pratique tous les métiers » ; et, dès cette époque, il est donc en mesure de choisir, en connaissance de cause, la profession qui répond le mieux à ses aptitudes et à ses goûts. Il n'y a dans l'école ni punitions, ni récompenses, ni concours : rien qui humilie ceux que leur intelligence plus lente ou leur

(1) M. CARNAUD, Discours à la Chambre des Députés. (*Journal officiel* du 17 nov. 1897.)

volonté moins ferme pourrait faire traiter par leurs camarades en inférieurs. Chacun a son dossier personnel qu'on lui communique d'année en année : il doit se préoccuper moins de dépasser les autres que de se dépasser lui-même. On n'y parle d'ailleurs ni de Dieu ni de patrie : la « morale usuelle » suffit (1).

Malgré la différence des temps et l'apparente divergence des points de vue, ne reconnaît-on pas dans cet essai des socialistes contemporains une réalisation partielle de l'éducation « nationalisée » qu'avaient préconisée leurs ancêtres de la Révolution française ? Quelle qu'ait été sa haine des livres, un Babeuf plus opportuniste n'aurait-il pas approuvé ce régime que ses disciples, devenus d'éloquents panégyristes de la culture intellectuelle, expérimentaient naguère sur des orphelins sans en vouloir peut-être pour leurs propres enfants ?

*
* *

Voulons-nous savoir au juste ce que c'est que cette « morale usuelle » dont on fait un si grand cas et qui ignore les devoirs envers Dieu et la patrie ? Interrogeons ceux-là mêmes qui nous en parlent, et qui la vantent.

Ils commencent par rejeter, en bloc, tout ce qu'acceptent pieusement, comme un legs du passé, comme une promesse d'avenir, les croyants de toutes les confessions religieuses. Malgré son instabilité et sa mobilité perpétuelles, leur morale a donc un trait fixe et un invariable caractère : elle est la contradiction formelle de la morale chrétienne. Entre l'une et l'autre l'antagonisme est irréductible. Les collectivistes ne sont pas les derniers à le crier sur les toits et à s'en faire gloire.

Et il faut donc qu'ils nient les deux dogmes de la

____

(1) *L'orphelinat de Cempuis*, par G. STIEGLER (*Revue socialiste* octobre 1891).

chute originelle et de la Rédemption dans lesquels se ramasse, pour ainsi dire, tout ce que le christianisme apporte de lumière et de force au monde. Et ces négations mêmes expliquent le caractère tout à la fois chimérique et révolutionnaire de leur entreprise. Rêve et révolte ! On trouve déjà cette double tendance chez les théoriciens non « arrivés » de l'individualisme ; mais nulle part elle n'est plus accusée que chez les penseurs socialistes : elle les distingue et suffirait presque à leur signalement.

C'est qu'en rejetant la chute originelle, ils se mettent dans l'impossibilité de rien comprendre à l'origine et à la nature du mal ; et l'ardeur même qu'ils apportent à le combattre leur est funeste. Impuissants à l'expliquer par une *faute sociale*, par la faute du premier père et du premier directeur des sociétés, ils en sont réduits à l'expliquer par le *fait social* ; et, pour ne vouloir pas reconnaître que l'homme, né mauvais, vicie la société en la détournant de sa fin et en l'exploitant au profit de son égoïsme, ils en viennent forcément à répéter comme un axiome et une sorte de dogme à rebours : « L'homme naît bon, et la société le déprave (1). » Voilà donc toutes les révolutions justifiées et presque imposées par ce civisme antichrétien.

En niant, d'un côté, le péché originel, on aboutit ainsi à la destruction obligatoire de ce qui est ; tandis que, de l'autre, en écartant comme une hypothèse puérile et vaine le dogme de la Rédemption et la nécessité d'un secours divin, on se condamne à vouloir reconstruire sans cesse ce qui ne peut pas être, on rêve des pays d'Utopie ou d'Icarie où tout est digne d'admiration et qui ont seulement le tort de n'exister nulle part et de n'avoir aucune chance d'exister jamais.

---

(1) De cette doctrine qu'il développe abondamment dans l'*Emile*, Rousseau a donné lui-même un résumé succinct dans sa célèbre *Lettre à M. de Beaumont* (éd. Garnier, p. 448).

C'est le moindre souci des socialistes de se demander si la propriété individuelle n'est pas l'effet à peu près inévitable d'une déchéance primitive de l'humanité ; et ils sont donc bien éloignés de chercher, dans une pratique fidèle de la morale rédemptrice enseignée par l'Evangile, le moyen le plus efficace d'enlever à ce régime ce qu'il a de nécessairement imparfait ou même d'y échapper, dans la mesure du possible.

Dans l'une des plus fermes pages qu'il ait jamais écrites, Bossuet regrette ce qu'il appelle « la belle fraternité » des origines du monde ; et, après avoir rappelé la chute, il ajoute qu'ensuite « il a fallu en venir au partage et à la propriété, qui a produit toutes les querelles et tous les procès : de là est né ce mot de *mien* et de *tien*, cette parole si froide... (1) » Et il laisse donc assez entendre que la communauté des biens aurait été la règle universelle d'une humanité restée juste et soumise à Dieu. Bossuet est ici l'interprète de la tradition chrétienne ; et les faits lui donnent assurément raison, s'ils montrent que l'élite de l'humanité rachetée et progressive pratique le communisme comme le terme naturel et la garantie normale d'une vertu exceptionnelle et d'une vie parfaite, toute pleine de l'amour chrétien de Dieu et du prochain. On n'est jamais revenu au Paradis terrestre qu'en passant par le Calvaire (2).

Des socialistes nous assurent, il est vrai, que cet héroïsme retarde. Ils ont trouvé mieux : l'organisa-

______

(1) BOSSUET, *Panégyrique de saint François d'Assise*, Ier point. — Le même enseignement se retrouve, en termes singulièrement expressifs et caractéristiques, dans le *Corpus juris* : « *Communis usus omnium quæ sunt in hoc mundo, omnibus hominibus esse debuit. Sed per iniquitatem alius hoc suum esse dixit, et alius illud, et sic inter mortales facta divisio est.* » Causa XII, q. 1, c. 2.

(2) En dehors des communautés monastiques que le catholicisme a multipliées, les seuls communistes dont l'existence ait dépassé un siècle, les *Shakers*, ne se maintiennent que par leur esprit profondément religieux. (Voir TH. BENTZON, *Le communisme dans la réalité*, dans la *Revue des Deux-Mondes* du 15 novembre 1897.)

tion future de la société, en ne laissant plus de prise aux passions ni de place à la misère, supprimera par le fait toutes les causes de mécontentement ou de crime. L'aisance universelle enlèvera leur raison d'être et presque leur objet aux délits contre les propriétés ; et quant aux délits contre les personnes « l'éducation et les bonnes manières » auront vite fait de les supprimer. Heureuses gens, qui naîtront demain ! Si, parmi eux, l'on découvrait encore, çà et là, quelques coupables, on les recevrait comme malades dans les hôpitaux : car leurs défaillances, n'étant plus ni expliquées ni justifiées par les institutions sociales, ne pourraient donc venir que d'une déformation cérébrale héréditaire ; et l'on devrait plaindre plutôt que châtier les malheureux sur qui pèserait encore, en dépit des progrès incroyables d'alentour, les injustices et les violences du passé (1).

*
* *

Les collectivistes, fort heureusement, ne s'en tiennent pas toujours à cette psychologie rudimentaire. Elle les dispenserait à la rigueur d'emprunter aux philosophies contemporaines une morale plus précise dont les principes assez flexibles puissent se plier à leur système. Panthéistes, positivistes, évolutionnistes, ils les prennent tous pour auxiliaires, d'où qu'ils viennent et où qu'ils aillent, pourvu qu'ils nient ce que toutes les religions affirment, pourvu qu'ils s'efforcent de constituer l'une de ces morales sans obligation ni sanction qui, n'engageant à rien, ne compromettent personne. « La morale, écrivait naguère l'un d'eux, est l'ensemble des principes..... admis par le commun des hommes vivant dans un même milieu de civilisation, d'après les notions par

_____

(1) Voir en particulier, sur toutes ces merveilles, le livre déjà cité de BELLAMY : *Seul de son siècle en l'an 2.000.*

eux acquises sur le vrai et sur le faux, sur le juste
et l'injuste, le bon et le mauvais, le beau et le laid,
l'honnête et le déshonnête. Or, ces notions sont toujours relatives... (1) » Ce n'est plus Dieu, c'est « le
commun des hommes » qui édicte les lois morales :
la souveraineté du peuple, du « moi collectif » s'étend du for extérieur au for intime, du Code civil à
la conscience ; c'est elle qui crée et développe, d'âge
en âge, l'idée indéfiniment progressive de la Justice ;
c'est elle qui façonne, comme l'araignée tisse sa
toile, le Droit naturel et positif et l'adapte sans
cesse à ses formes changeantes.

Pour se justifier, tantôt ils empruntent à Hegel
son panthéisme : les religions orientales, en abîmant
l'homme dans l'adoration du Dieu invisible, absorbaient le fini dans l'infini ; les religions grecque et
romaine, en cherchant leurs dieux sous des figures
humaines, absorbaient l'infini dans le fini ; le propre
du christianisme est d'opérer, en présentant l'Homme Dieu au monde, la synthèse du fini et de l'infini ;
ce n'est plus Dieu qui se fait homme, c'est l'homme
qui devient Dieu (2) ! — Tantôt ils s'en tiennent au
système historique d'Auguste Comte : ils répètent
que l'humanité, après avoir traversé l'époque théologique avec les cultes polythéistes et monothéistes,
et l'époque métaphysique avec le protestantisme et
le philosophisme révolutionnaire, est enfin parvenue
à l'époque scientifique ; et ce n'est donc plus de la
théologie ou de la métaphysique, mais de la biologie
et de l'histoire que la morale contemporaine doit
relever. Dans cette humanité qu'ils voient, avec le
disciple de Saint-Simon, s'élever ainsi de l'état d'animalité et d'enfance à l'état d'adolescence et d'indi

(1) H. AIMEL, *La Révolution de demain* (*Revue socialiste*, janvier 1893).

(2) Lassalle et Karl Marx sont des disciples de Hegel. De son
côté, Engels proclame que le socialisme est « l'héritier de la
philosophie allemande. » Voir l'introduction de Benoît Malon à
sa traduction du livre de Lassalle, *Capital et Travail*, p. 3.

vidualisme, de l'état individualiste à l'état social et organisé, ils ne font pas difficulté de reconnaître leur Dieu. — Tantôt ils s'emparent de la thèse évolutionniste de Spencer, en se réservant de l'appliquer non seulement aux individus mais aux classes ; et ils nous assurent que le prolétariat triomphera de la bourgeoisie comme autrefois la plèbe romaine a triomphé des patriciens, comme les communes ont triomphé de la féodalité : la même loi de concurrence vitale qui a imposé le régime capitaliste à la société individualisée, imposera fatalement le régime collectiviste à l'humanité socialisée de l'avenir.

Substituer « l'humanité en chair et en os au Christ surnaturel des Gnostiques, au Dieu de Rousseau et de Spinoza », telle est, pour emprunter une expression chère à Proudhon (1), la conclusion pareille de ces philosophies diverses. Il y a cent ans, on élevait des autels à la Raison : c'est l'Humanité que les socialistes contemporains veulent adorer. Elle leur fait la loi, loi changeante, mais toujours absolue et catégorique, dont on ignore aujourd'hui ce qu'elle sera demain ; elle est leur dieu. C'est à cette apothéose nouvelle qu'aboutit l'effort intellectuel et social du siècle. Cette religion est, pour l'heure, le dernier mot de l'irréligion. Il faut voir avec quelle patience un Enfantin, par exemple, s'applique à approprier ce culte aux aspirations communistes. C'est à lui qu'il faut recourir encore, si l'on veut connaître, approximativement mais directement et dans ses lignes générales, la forme que tend logiquement à prendre chez les collectivistes le sentiment religieux. A suivre les déductions confuses et embarrassées d'Enfantin, à observer avec

---

(1) PROUDHON, Lettre à Tissot (22 déc. 1853) citée par M. A. DESJARDINS : *Proudhon et le christianisme. (Correspondant* du 10 janvier 1896).

quelle fatuité naïve il se plaît à invoquer — à étaler presque — les dogmes chrétiens et catholiques : la Trinité, l'Incarnation, la Rédemption, l'Eucharistie, et à les détourner de leur sens traditionnel pour en faire des symboles de la foi humanitaire et socialiste, une pensée vient naturellement à l'esprit : il faut que la vertu du christianisme soit grande sur ceux-là mêmes qui se targuent de l'avoir dépassé, pour qu'ils n'arrivent, en voulant le supplanter, qu'à le contrefaire et, si l'on peut dire, à le démarquer.

C'est une apologie de l'Evangile que ce contre-Évangile suggère (1).

(1) P. ENFANTIN, *La Vie éternelle* (édit. complète, chez Dentu ; édit. abrégée chez Alcan).

IV

L'ÉDUCATION PAR LA FOI

Les deux principaux systèmes d'idées qui se partagent, avec le catholicisme, les aspirations contemporaines n'arrivent donc pas à satisfaire les exigences intellectuelles et morales de la démocratie.

Or, la faillite de ces deux doctrines connexes et ennemies n'atteint pas la doctrine catholique. En la combattant bruyamment, en se dégageant par des affirmations réitérées de toute solidarité avec elle, elles lui ont rendu le service de ne pas lui faire porter la responsabilité de leur impuissance. Et le catholicisme reste donc le gardien le plus sûr et le mieux averti de l'âme du peuple.

« La société, dit un disciple de saint Thomas dans un écrit où il nous a transmis l'enseignement du maître, ne peut atteindre à la fin suprême qui lui est assignée sans le concours de trois sortes de moyens, savoir : les vertus, les lumières, les biens extérieurs. Le prince doit donc, premièrement, veiller avec une sage sollicitude à faire fleurir dans ses Etats la culture des lettres, afin d'y multiplier le nombre des savants et des habiles. Car, où fleurit la science, où jaillissent les sources de l'étude, là, tôt ou tard, l'instruction se répandra dans la foule... En second lieu, il faut au peuple des mœurs pures et des vertus... Enfin, les biens extérieurs peuvent servir d'instrument pour procurer le bonheur de la vie civile. Et, par conséquent, il convient que les rois et les princes gouvernent leurs Etats et leurs cités de manière à leur procurer l'abondance de ces richesses qui contribuent au bien général (1). » Or,

---

(1) B. Ægidius Colonna, archevêque de Bourges, *De regimine principum*, L. III, p. 2. c. viii. (Traduction d'Ozanam, *Dante et la philosophie catholique au XIII*e *siècle* (Documents).

personne ne s'applique plus activement que l'Eglise catholique à réaliser ce triple but : en raison d'un principe antérieur et supérieur à toute nécessité politique, elle travaille à la plus large diffusion de l'intelligence et de la moralité ; à chacun de ses fidèles, elle fait une obligation de cette diffusion même, et crée dans ce but une vertu nouvelle et inconnue avant elle : l'apostolat ; elle consacre enfin tous ses efforts à ordonner la société économique de telle sorte qu'elle ne soit pas un obstacle mais une aide à cette ascension continue du peuple.

*
* *

Avant tout, le catholicisme est une Foi. C'est un ensemble de vues sur Dieu, l'homme, le monde et leurs rapports. Or, c'est par les vérités qu'elle propose à croire que l'Eglise entre en contact immédiat avec l'intelligence humaine et en favorise l'essor. Car il n'y a pas de foi possible sans un certain nombre de connaissances, sans un certain degré de formation mentale. Tout chrétien, tout catholique adulte, en vertu de la loi fondamentale de la société religieuse à laquelle il a donné son nom et son âme, doit passer par une période d'instruction : et, puisque la foi doit le conduire jusqu'au tombeau, on peut dire que cette période d'instruction dure toute sa vie.

Ce n'est ni une instruction professionnelle, au sens réduit du mot, ni une instruction civique. Et pourtant, quelle autre excelle davantage à former l'homme d'Etat que, dans une démocratie, tout citoyen doit être ; quelle autre le dispose mieux à exercer dignement sa profession d'être raisonnable ?

Personne n'a indiqué en termes plus expressifs que Jouffroy cette portée de l'enseignement chrétien ; et nous ne saurions mieux faire que d'enregistrer ici son témoignage. « Il y a, disait-il, un petit livre qu'on fait apprendre aux enfants, et sur lequel on les interroge à l'église. Lisez ce petit livre, qui est le catéchisme : vous y trouverez la solution de toutes les questions que j'ai posées, de toutes, sans exception. Demandez au chrétien d'où vient l'espèce humaine, il le sait ; où elle va, il le sait ; comment elle va, il le sait. Demandez à ce pauvre enfant, qui de sa vie n'y a songé, pourquoi il est ici-bas, et ce qu'il deviendra après sa mort : il vous fera une réponse sublime, qu'il ne comprendra pas, mais qui n'en est pas moins admirable. Demandez-lui comment le monde a été créé et à quelle fin ; pourquoi Dieu y a mis des animaux, des plantes ; comment la terre a été peuplée ; si c'est par une seule famille ou par plusieurs ; pourquoi les hommes parlent plusieurs langues ; pourquoi ils souffrent, pourquoi ils se battent, et comment tout cela finira : il le sait. Origine du monde, origine de l'espèce, question des races, destinée de l'homme en cette vie et en l'autre, rapports de l'homme avec Dieu, devoirs de l'homme envers ses semblables, droits de l'homme sur la création, il n'ignore rien ; et, *quand il sera grand, il n'hésitera pas davantage sur le droit naturel, sur le droit politique, sur le droit des gens : car tout cela découle avec clarté et comme de soi-même du christianisme* (1). » Ainsi les plus humbles des croyants ne sont point désemparés au milieu des tempêtes que tout siècle soulève. Ils peuvent orienter en connaissance de cause leur vie individuelle et collective, civile et religieuse. Pour se guider, d'autres n'ont guère que des intérêts ou des passions ; eux ont une idée. Ils savent dans quel sens il faut, pour qu'il progresse, diriger le monde.

Il est vrai que des gens guindés n'ont pas assez

---

(1) JOUFFROY, *Cours de 1830* ; première leçon sur la *Destinée humaine*. — Sur le sens et la valeur de ce témoignage, voir les pages posthumes d'OLLÉ-LAPRUNE, *Théodore Jouffroy* (Perrin).

de mépris pour la « foi du charbonnier ». Faut-il
donc leur redire combien elle est humaine et sage ?
Quand il n'est pas possible à la plupart des hommes
de vérifier les conclusions de toutes les sciences qui
leur importent, et de se rendre personnellement compte
des lois auxquelles leur vie est soumise et des appli-
cations de ces lois ; quand le savant lui-même, dans
l'étude spéciale où il est le plus souvent confiné, ne
peut refaire toutes les expériences de ceux qui l'ont
précédé et doit se fier sur des points importants à
l'autorité de ses pairs ; quand donc nous sommes
tous forcés de recevoir par voie d'enseignement un
nombre très grand de vérités qui, objets de science
pour d'autres, sont pour nous objets de croyance :
pourquoi vouloir, lorsqu'il s'agit des vérités les plus
hautes et les plus nécessaires, enlever cette res-
source à la majorité de nos frères ? Ce ne sont point
assurément ceux qui rêvent d'abandonner la direction
de la démocratie future à une aristocratie intellectuelle qui peuvent s'en tenir à une répulsion si peu
fondée : la foi à la raison d'autrui, la foi à la raison
sociale qu'ils imposeraient volontiers en faveur de leur
« intellectualité », qu'est-ce autre chose que la « foi
du charbonnier » ?

Quand même l'Eglise catholique n'inviterait pas
les croyants à s'élever au-dessus de cette forme
suffisante mais inférieure de la foi, leur foi seule les
convierait à une intelligence plus achevée d'elle-
même. Le dogme agit en effet dans l'esprit comme
un ferment : il y fait lever les idées. Tout progrès
ultérieur de la science commence par une hypothèse ;
et c'est pour vérifier cette hypothèse que sont tentées
les expériences les plus hardies et découvertes les
vérités les plus fécondes. Ainsi en est-il du dogme
pour les croyants. Ils pressent la nature entière de
l'éclairer, de le justifier, de le proposer à son tour :
toutes les sciences leur font cortège ; ils en font les
auxiliaires de leur foi. Ne fallait-il pas que la foi
raisonnât, pour démontrer qu'elle est « raison—

nable » ; ne fallait-il pas qu'elle étudiât sous toutes ses faces le monde visible, puisqu'il porte la marque de son invisible Auteur et contribue à le faire mieux connaître ? Quelques mots de saint Paul ont fait entrer dans sa phase la plus brillante la pensée humaine. L'école, qu'elle fût le vestibule ou le prolongement de l'Eglise, en devenait dans l'un et l'autre cas l'annexe indispensable.

Lorsqu'on reproche à l'autorité enseignante d'exercer sur l'intelligence du peuple chrétien une action déprimante, on n'est pas loin de lui attribuer, par un bizarre renversement d'idées, les effets mêmes que produit le libre examen. Le protestantisme en fournit la preuve. — Luther, en déclarant que tous les chrétiens sont prêtres, et en les érigeant tous, de ce chef, en juges de la religion, élevait en apparence les humbles, les pauvres, les illettrés : en réalité, il les desservait et les plaçait vis-à-vis du reste des fidèles dans une évidente infériorité. L'inégalité naturelle des intelligences, manifeste et grave dans tous les ordres d'activité, est plus sensible et plus douloureuse encore au point de vue de l'activité religieuse, quand un enseignement ne vient pas rectifier les jugements et préciser les conceptions. Aussi, qu'est-il arrivé ? Moins de trois siècles ont suffi pour que les Schleiermacher et les Ritschl, achevant par des moyens différents l'évolution commencée par Luther, enlèvent, non plus seulement à l'autorité doctrinale de l'Eglise et du Pape, mais à la Bible elle-même, sa valeur objective et absolue comme règle de foi. Personne ne trouve plus sa religion toute faite, pour ainsi dire, sur les lèvres d'un prêtre ou dans le texte sacré d'un livre. C'est à chacun de se faire tout seul sa religion : mais quelle religion se fera le peuple (1) ?

_____

(1) « Jamais on ne vit un plus terrible hiatus entre les maîtres de la foi, et l'humble foule, écolière de la foi », conclut M. Goyau, après avoir observé en Allemagne ces conséquences du libre examen ; *L'Allemagne religieuse : Le Protestantisme* (Perrin).

Les adversaires les plus irréductibles de l'Eglise
enseignante pourraient donc trouver, dans les résultats qu'ils obtiennent en dehors d'elle, une réponse
péremptoire aux arguments qu'ils aiment à invoquer
contre elle. Quand la foi catholique ne ferait que
diminuer l'inégalité naturelle des esprits en sollici-
tant de tous, et des plus grands comme des plus
humbles, la même adhésion aux mêmes vérités, et en
établissant entre les uns et les autres comme une
circulation perpétuelle de pensée, ne faudrait-il pas
lui savoir gré de ce bienfait social ?

*
* *

Une manière de voir implique une manière de
vivre. A quoi servirait la lumière, si elle n'avait
pour effet de diriger la conduite ? L'Eglise ne l'ignore
pas : en élevant l'intelligence, c'est l'âme entière
qu'elle vise.

Qui n'admirerait sa sagesse vraiment extraordinaire ? Elle exige de tous un degré de vertu au-des-
sous duquel un croyant ne saurait descendre sans
déchoir ; elle le choisit assez élevé pour qu'il puisse
honorer la dignité humaine, assez accessible pour
que personne ne désespère de l'atteindre et de s'y
fixer. Et, en même temps, elle ne cesse de pousser
les meilleurs à la vie parfaite et leur en montre, dans
le Père qui est aux cieux, l'exemplaire et le terme.
Il y a donc place dans son sein pour toutes les aptitudes, pour toutes les faiblesses comme pour toutes
les grandeurs ; la sainteté y peut fleurir, depuis la
vertu la plus commune jusqu'à l'héroïsme le plus
sublime.

Pour atteindre ce but, il faut à l'humanité une
direction. L'Eglise y a pourvu. A chacun elle remet
une règle : le Décalogue, qui est la formule la plus
juste et la plus précise des prescriptions intérieures
et immuables de la conscience. — Pour marcher

dans cette voie et suivre cette direction, une impulsion est nécessaire. Par toute l'économie des sacrements et du culte, l'Eglise la donne encore : c'est l'aide de Dieu, la grâce. Loin de supprimer ou de négliger l'effort personnel, elle le suppose et le sollicite : elle lui est proportionnée. Serait-ce pour diminuer et mutiler la vie que l'Eglise fait appel à ce principe d'action supérieur et divin ? Ceux qui lui reprochent de ne mettre Dieu dans l'âme qu'en en retranchant l'homme, ignorent sa doctrine ; ils lui attribuent des erreurs qu'à plus d'une reprise elle a solennellement condamnées : il n'y a qu'à récuser leur compétence et à leur demander un supplément d'information (1).

A cette direction, à cette impulsion s'ajoute une attraction : la vie future. Qui prétend que cette préoccupation du ciel est indigne d'une société civilisée, et subordonne à l'intérêt personnel l'exercice de la vertu ? Chose étrange ! Ceux qui reprochent au chrétien de penser, quand il fait le bien, au bonheur à venir, que trouvent-ils de mieux à lui dire ? Ceci : qu'il faut penser au bonheur présent. Et ils écrivent, pour vanter l'altruisme, que c'est un « égoïsme mille fois plus intelligent que l'égoïsme lui-même (2). »

Préférer son bien propre au bien commun, universel, divin : voilà l'égoïsme ; et l'Eglise met assez d'énergie à le flétrir. Mais elle con aît trop bien l'homme pour flétrir en même temps l'amour de soi. Travailler pour le ciel, c'est faire coïncider le bien des autres et la gloire de Dieu avec le bien personnel et futur de chacun : qui s'en plaindra ? Et si le souvenir de la justice divine, de ses récompenses et ses châtiments, est nécessaire pour maintenir le règne terrestre de la justice et en garantir contre les sur-

____

(1) Cf. Maurice Pujo, *La crise morale* : « On attend des grâces du dehors afin de moins exiger de soi, etc... »

(2) J. Payot, *L'éducation de la démocratie*, passim.

prises de notre humaine faiblesse le développement continu, peut-il constituer un danger social ? N'est-ce pas au contraire un gage de paix et un instrument de progrès ?

Voici un trait qui achèvera de mettre en lumière la vertu éducative et la portée sociale des enseignements et des pratiques catholiques : l'avancement intellectuel et moral de chacun est subordonné à son zèle pour le perfectionnement, pour la « sanctification » des autres. Ceux-là se trompent lourdement qui considèrent l'apostolat comme la fonction exclusive d'une toute petite catégorie d'âmes privilégiées que Dieu aurait seules chargées d'office de le faire connaître, aimer et servir. Comment le connaître, l'aimer et le servir sans être pressé d'annoncer à tous cette bonne nouvelle ? C'est l'un des caractères distinctifs du catholicisme: le prosélytisme lui est essentiel et entre, pour ainsi dire, dans sa définition même. De chacun de ses fidèles, il fait un apôtre, un « militant », et lui donne, pour rappeler une expression que saint Jean Chrysostôme appliquait au prêtre, la garde du genre humain (1). Mieux encore, il lui donne la garde de la vie divine dans l'humanité ; il le convie à la diffusion des pensées, des volontés, des grâces de Dieu ; il lui demande de solliciter ses frères à se mettre à l'école de Jésus-Christ, à prendre le parti de Jésus-Christ, à entrer dans la famille de Jésus-Christ: en un mot, à devenir chrétiens. Il s'efforce de graver dans son âme un idéal de justice et de paix sociales qu'il l'oblige de hâter par ses désirs et de préparer par ses efforts. Le *Pater* en est l'expression. Et on n'est pas chrétien, on n'est pas catholique sans vouloir que cette prière, que ce n'est pas assez d'appeler sublime, descende des lèvres dans le cœur des hommes et passe

____

(1) Saint Jean Chrysostôme, *De Sacerdotio*, liv. VI, § 4.

de l'état de formule et de « résolution » à l'état de fait et de réalisation. L'amour de Dieu, en intéressant le chrétien à la propagation de la foi, des œuvres et du culte catholiques, et l'amour des hommes, en l'intéressant aux progrès de la pensée, de la moralité, du bien-être collectifs ont pour effet de l'exciter à concourir, de toutes ses puissances, à la rencontre de Dieu et de l'humanité. Investi du « mandat » d'acheminer la société vers un but divin, le catholique n'est pas seulement l'homme qui se sert d'eau bénite et qui se confesse : il est élevé à la dignité d'homme public.

*
* *

L'Eglise considère d'une façon trop haute et trop largement humaine, la vie intellectuelle, morale et religieuse pour oublier les conditions économiques, politiques, sociales de son développement et de son expansion. Et elle se préoccupe donc de créer un milieu favorable à l'épanouissement complet de l'âme chrétienne.

Montesquieu, dans un chapitre incisif de l'*Esprit des lois,* parle des peuples pauvres « que la dureté du gouvernement a rendus tels ; et ces gens-là, dit-il, sont incapables de presque aucune vertu, parce que leur pauvreté fait partie de leur servitude (1). » Aussi l'Eglise veille-t-elle à ce que l'état matériel du peuple ne rende pas impossible l'observation libératrice des lois divines. Léon XIII a solennellement rappelé, dans l'Encyclique sur la *Condition des ouvriers,* la page où saint Thomas expose sur ce point l'enseignement catholique : « Pour vivre en homme de bien, écrit l'illustre docteur, deux conditions sont requises ; l'une, la principale, est d'être vertueux, car c'est la vertu qui fait bien vivre ; l'autre, secondaire et quasi-instrumentale, est d'avoir une part

____

(1) MONTESQUIEU, *Esprit des Lois,* liv. XX, ch. III.

suffisante des biens corporels dont l'usage est nécessaire à l'exercice de la vertu (1). »

L'Eglise a ses raisons de tenir à cet enseignement. Et nous pouvons constater, ici encore, combien elle est, dans les principes généraux qu'elle pose, ménagère des faiblesses et respectueuse des faits. — Sans doute, la propriété devient trop souvent un obstacle à la moralité, et il est écrit qu'il est « plus difficile à un riche d'entrer au ciel qu'à un câble de passer par le trou d'une aiguille » ; sans doute encore, l'abandon volontaire non seulement du bien-être, mais de tout bien propre est une indispensable condition de la vie parfaite. L'Evangile l'enseigne (2), et plus d'un saint a vécu de cet enseignement.

« Seigneur, disait un jour saint François à l'évêque d'Assise, si nous possédions des biens, nous aurions besoin d'armes pour notre défense, car là est la source des différends et des procès, et d'ordinaire l'amour de Dieu et du prochain y rencontre bien des obstacles : voilà pourquoi nous ne voulons pas avoir de biens temporels (3). »

Mais si, pour l'élite des saints, la propriété est un

(1) S. Thomas, *De regimine principum*, lib. I, cap. xv. Il est curieux de rapprocher cet enseignement de l'Eglise, sur la disconvenance de la misère et de la vertu, des observations de deux écrivains qui ne s'inquiétaient vraisemblablement pas de la défendre. Gœthe écrit : « Ah ! vous autres, Messieurs, à qui rien ne manque, vous pouvez parler à votre aise d'honnêteté et de sincérité ; mais une pauvre créature qui ne trouve pas de quoi satisfaire ses moindres besoins, qui se voit dans le désespoir, sans ami, sans conseil, sans secours, qui doit mener une vie misérable au milieu d'un monde égoïste... il y aurait beaucoup à dire là-dessus, si vous vouliez et pouviez écouter. » *Wilhelm Meister*, Iᵉ P., l. vii, chap. 8. Et Balzac : « Ah ! mon cher, nous accusons trop facilement la misère. Soyons indulgents pour les effets du plus actif de tous les dissolvants sociaux. Là où règne la misère, il n'existe plus ni pudeur, ni crimes, ni vertu, ni esprit. » *La peau de chagrin*, § 2.

(2) Voir en particulier l'histoire touchante et significative de ce bon jeune homme que Jésus « aima du premier regard » et que cette doctrine du Maître éloigne et rend tout triste (Mat., XIX, 16-29 ; Marc, X, 17-31 ; Luc, XVIII, 18-30).

(3) *Légende des trois compagnons*, citée par P. Sabatier, *Vie de saint François d'Assise*, ch. v.

poids trop lourd dont ils doivent se décharger pour s'élever jusqu'aux sommets de la perfection chrétienne, elle est en même temps, pour l'ensemble des hommes, un lest nécessaire qui les empêche de descendre tous les degrés du vice et de la honte. Sur eux, son action est saine et bienfaisante. Qu'on pense à toutes les qualités, à toutes les vertus que l'acquisition, la conservation, et l'exploitation d'un champ, par exemple, supposent et nécessitent ; qu'on se rappelle la fraternelle charité qu'entretient dans le corps social l'obligation imposée à tous, même aux plus petits, d'user des fruits du travail personnel et de l'épargne au bénéfice de la communauté par le don et par le prêt : et l'on ne sera point tenté de révoquer en doute cette ascension des esprits et des volontés, sous l'influence attirante de la propriété, entendue comme l'Eglise veut qu'on l'entende.

Ceux donc qui se préoccupent de secourir les moins privilégiés de leurs semblables dans un esprit véritablement chrétien, et de telle sorte que le bien qu'ils font aux corps serve aux âmes, combattent la misère autrement que par des remèdes anodins et des palliatifs timides. Ils voient en elle l'ennemie des intelligences et des consciences. Et, pour honorer mieux « l'éminente dignité des pauvres », ils ne transforment pas les pauvres en mendiants, mais en propriétaires, en hommes libres et en chrétiens (1).

En s'appliquant à élever l'intelligence et la volonté populaires d'une part, et, d'autre part, en s'efforçant de créer un milieu économique favorable à leur développement, l'Eglise obtient un résultat pré-

---

(1) Ainsi fait, pour ne citer que cet exemple, la *Ligue française du coin de terre et du foyer*, fondée en 1897 par M. l'abbé Lemire : elle « a pour but d'étudier, de propager et de réaliser par les moyens en son pouvoir, toutes les mesures propres à établir la famille sur sa base naturelle qui est la possession de la terre et du foyer ». Art. 2 des Statuts.

cieux : elle élève l'ouvrier à la dignité d'être pensant
et mêle une part d'âme à l'exercice de son activité.
Si elle n'est pas devenue par le fait une œuvre d'art,
l'œuvre des mains est du moins acceptée comme une
bonne œuvre ; et elle concourt à la formation de
l'homme, qui est l'art suprême. Et ainsi commence
déjà d'être comblé l'abîme qui sépare si étrangement
les professions libérales et les professions manuelles.
Cet abîme, ce n'est certes pas l'Eglise qui l'a creusé.
C'est au contraire sous son patronage et par son ins-
piration que se sont développées ces communautés
monastiques dont la règle impose, en même temps
que l'étude, l'apprentissage et l'exercice d'un métier.
Et les monastères ne représentent-ils point, dans ses
lignes générales, l'idéal auquel l'Eglise veut que la
société tende ?

« Il y a, écrivait Renan au temps de sa jeunesse,
certains métiers qui devraient être les métiers réser-
vés des philosophes, comme labourer la terre, scier
des pierres, pousser la navette du tisserand et autres
fonctions qui ne demandent que le mouvement de la
main (1). » Les moines, ces philosophes, ces lettrés,
ces savants, n'ont pas attendu le xixe siècle pour
réaliser ce vœu qui, sans eux, risquerait fort de rester longtemps platonique. « Les vrais moines, écrivait saint Benoît dans cette Règle admirable à laquelle on peut demander aujourd'hui encore de si
utiles leçons d'économie sociale, sont ceux qui vivent
du travail de leurs mains, comme nos Pères et les
Apôtres (2) ». Et les Ordres mendiants eux-mêmes

(1) E. Renan, L'Avenir de la Science. — « Pourquoi la philosophie et la culture de l'esprit ne s'associeraient-elles pas à un travail mécanique ? » Séailles, Ernest Renan, p. 397. — « Il est
nécessaire, écrit un autre, que les classes lettrées se familiarisent
avec les travaux des autres classes et fassent les premiers pas
vers la réhabilitation des plus humbles besognes. » Wagner,
Jeunesse, p. 276. — En 1895, dans son discours à la séance de
rentrée de l'Université de Montpellier, M. Ch. Gide souhaitait de
voir enfin le travail intellectuel et le travail manuel devenir la
« récréation l'un de l'autre ». (Assoc. cath., 15 févr. 1895.
(2) Regula sancti Benedicti, cap. XLVIII.

n'acceptent l'aumône qu'à défaut d'un salaire : « Je travaillais de mes mains, a dit saint François d'Assise, et veux continuer, et je veux aussi que tous les autres frères travaillent à quelque métier honorable. Que ceux qui n'en ont point en apprennent un, non dans le but de recevoir le prix de leur travail, mais pour le bon exemple et pour fuir l'oisiveté. Et, quand on ne nous donne pas le prix du travail, ayons recours à la table du Seigneur, en demandant l'aumône de porte en porte (1). »

Rien ne relève mieux la « condition des ouvriers » que l'effort volontaire d'un saint Benoît et d'un saint François d'Assise pour partager leur tâche ; et l'auréole que l'Eglise place au front de ces grands hommes illumine le labeur le plus obscur d'un reflet céleste.

De tels exemples ne pouvaient, dans une société chrétienne, rester sans influence. Partis des sphères les plus élevées de la vie religieuse, ils devaient peu à peu et par ondes successives arriver jusqu'au peuple. Il y eut en effet un temps où les ouvriers s'appelaient des « artisans », et où ces « artisans » étaient moins des manœuvres que des esthètes. Tous ceux qui ont étudié la condition économique du Moyen Age l'observent. Le peuple d'alors, en participant à l'intelligence et à la beauté de la tâche qu'il exécutait, entrait en possession d'un patrimoine nouveau et supérieur pour la jouissance duquel l'âme sert de tout et les titres de rien. Jouissance idéale, sans doute, et qui ne lèse point les propriétaires ; bien réelle, pourtant, et infiniment précieuse pour ceux qui savent voir autre chose qu'un « sac d'argent » dans un bois ombreux ou un champ de blé, et autre chose dans une église ou un palais gothique qu'un « tas de pierres ».

Veut-on avoir, du développement chrétien des âmes populaires, un symbole éclatant et grandiose ? On

(1) Testament de saint François.

n'a qu'à contempler ces vieilles et illustres cathédrales où nos pères ont témoigné de la hardiesse de leur foi et de l'étonnante liberté de leur pensée. N'est-ce pas vraiment « l'art pour le peuple et par le peuple »? Les monstres difformes que foulent aux pieds les saints placides et majestueux des portails ne représentent pas seulement les ennemis communs de l'Église et du peuple : ce sont des images mystiques de l'homme dégradé et avili, de cet « homme animal » condamné à aller sur le ventre et à ne manger que de la terre. C'est lui qu'ils ont chassé — non pas définitivement, hélas ! — de leur cité spirituelle et de leur temple.

V

LES PENSÉES SOCIALES DU CROYANT

Le catholicisme ne peut satisfaire les aspirations les plus intimes et les plus nobles de l'âme humaine sans devenir pour la démocratie le plus précieux des auxiliaires. Comment enseignerait-il au peuple l'art de savoir et de vouloir sans développer en lui l'aptitude à se conduire lui-même ? En le rendant capable de se gouverner, il lui en inspire le goût, il en crée en lui le besoin. Il l'achemine vers le pouvoir, par le seul fait qu'il l'en rend digne. Et ainsi, l'état social s'élève au fur et à mesure que s'opère l'élévation des âmes : de cette double et parallèle ascension l'Eglise bénit les progrès et marque les étapes. Merveilleux résultat de l'éducation qu'elle donne, et obtenu par des moyens qui, de prime abord, lui sembleraient plutôt contraires ? Car, en apparence, l'Eglise n'humilie-t-elle point la raison en lui proposant une foi, et la volonté en lui imposant une loi ; et donc, n'amoindrit-elle point la personnalité ? Nullement, elle la sauve. La foi, éveillant la raison, en excite et en active l'emploi ; la loi, protégeant la volonté contre elle-même, la met en état de traverser virilement la vie. Et cet homme à la raison mieux informée, à la volonté mieux affermie s'élève et se maintient de lui-même au rang de citoyen. Les vérités qu'il croit, les « commandements » qu'il observe le disposent à comprendre, mieux qu'aucun autre, le régime démocratique et à s'y faire hardiment une place.

.*.

« ... République chrétienne : chacun de ces deux

mots exclut l'autre, écrivait un jour Rousseau. Le christianisme ne prêche que servitude et dépendance. Son esprit est trop favorable à la tyrannie pour qu'elle n'en profite pas toujours. Les vrais chrétiens sont faits pour être esclaves... (1) » En dépit de cette excommunication intéressée, les vrais chrétiens restent faits pour être libres ; leur foi les pousse à le devenir. Qu'on examine l'un après l'autre les dogmes principaux du catholicisme, et qu'on les mette en regard de la conception démocratique, on verra qu'ils l'appellent, l'expliquent, la justifient, et qu'elle est vraiment le terme naturel, le corollaire logique, le point d'aboutissement des pensées sociales du croyant.

Quelle grande et mystérieuse nouvelle se transmettent, depuis l'Evangile, toutes les générations chrétiennes ! « Le Verbe s'est fait chair » ; Dieu s'est fait homme. — Pourquoi ? Ce « pauvre enfant » va vous l'apprendre : Dieu s'est fait homme pour effacer le péché originel et en réparer les conséquences. C'est que là est toute la lumière, si là est tout le mystère. Les mystères, comme le soleil, éclairent le monde, et on ne peut les regarder en face.

Le péché originel, en détruisant dans l'homme la vie divine et en coupant toutes les communications établies entre Dieu et lui, a, du même coup, troublé toute l'économie de notre vie intellectuelle et morale, spirituelle et matérielle, religieuse et sociale. L'homme, insoumis à Dieu, vit la terre se révolter contre lui : la misère le guettait. L'homme, ennemi de Dieu, devint l'ennemi de l'homme : l'esclavage et la guerre l'attendaient. Toutes les ignorances et toutes les erreurs, toutes les faiblesses et tous les crimes, toutes les douleurs et toutes les angoisses, toutes les tyrannies et toutes les hontes allaient se livrer carrière.

(1) Rousseau, *Contrat social,* liv. IV, ch. VIII. De la religion civile.

Qui ne connaît le groupe fameux du Laocoon, conservé au Musée du Vatican ? Un homme accompagné de ses deux fils, se débat sous l'étreinte d'un serpent. La bête les a saisis tous trois ; et, de ses anneaux gluants, mobiles et souples, elle les enveloppe, les immobilise, les enchaîne l'un à l'autre. Leurs physionomies expriment, sous des formes variées, toute la souffrance possible. Le père s'épuise dans une lutte sans merci : son effort trahit le désespoir de cette résistance vaine. L'un des enfants jette sur lui un regard tout plein de la détresse d'un appel qui ne sera point entendu. L'autre, plus jeune et plus frêle, s'abandonne. Le serpent tient sa proie : on a l'impression qu'il ne la lâchera point. — N'est-ce pas un symbole de la déchéance humaine ? Comme dans le marbre antique, l'homme tombé est aux prises avec le serpent. La bête ennemie dont le corps replié le fixe à la terre, dont les morsures empoisonnées le tuent, n'épargne aucun des siens. Ils sont tous devenus ses prisonniers. Et l'effort désespéré qu'ils tentent pour se dégager de ces liens vivants, rend l'étreinte plus violente et l'agonie plus douloureuse. Qui les délivrera ? Qui « écrasera la tête du serpent » ? L'Homme-Dieu, Jésus-Christ.

Ah ! les braves gens qui se font des triomphes oratoires en répétant, dans les cabarets et dans les alcazars, que l'homme, aujourd'hui, devient dieu ! Est-ce grâce à eux ? Et savent-ils qu'ils rendent témoignage à l'Evangile par ce ressouvenir impérieux de la dignité primitive de l'homme, par cette glorification imprévue des effets de la Rédemption ? « Pour que l'homme devienne dieu, Dieu s'est fait homme. » Lequel d'entre eux l'a dit le premier ? Aucun. Le mot est de saint Augustin. Et saint Augustin exprime ici la pensée de l'Eglise (1).

(1) SAINT AUGUSTIN. Serm. 13 *de Tempore*. Tout ce passage est reproduit dans le Bréviaire romain (Vig. Epiph., II Noct., lect. 4ᵉ). — « ... *Ut nos divinitatis suæ tribueret esse participes.* » Préface de l'Ascension. — « *Da nobis... ejus divinitatis esse consortes qui humanitatis nostræ fieri dignatus est particeps* », dit encore plus explicitement une prière que récitent chaque jour les prêtres à l'Offertoire de la Messe.

Entrevoit-on quelques-unes des idées qui vont naître spontanément dans l'esprit d'un homme qui a conscience d'être élevé à la dignité de « dieu » adoptif? Tout ce qui l'amoindrit, tout ce qui le rabaisse aux yeux d'autrui comme à ses propres yeux, il n'en faut plus : qu'est-ce que ce « dieu » qui serait à peine un homme? Dieu ne fait rien à demi : il n'a pas réparé seulement l'une ou l'autre des suites de la faute originelle ; il les a réparées toutes. Réparation qui ne produit pas tous ses effets sur l'heure et dont plusieurs n'apparaîtront que dans la vie future ; mais réparation intégrale. En sauvant l'âme, Dieu n'a point abandonné le corps : la mort elle-même sera vaincue, et les résurrections du dernier jour consacreront sa défaite. En sauvant l'individu, Dieu n'a point oublié la société : la révolte de la terre contre l'homme et la domination de l'homme sur l'homme ne sont point supprimées d'un coup ; mais, elles sont condamnées et déclarées caduques ; la terre sera reconquise, et l'homme, touché par Dieu, redeviendra sacré.

Que pourrait refuser au chrétien un Dieu qui se donne Lui-même ? Quelle dignité, quelle gloire serait trop haute pour qui est anobli jusqu'à communier au corps et au sang de l'Homme-Dieu ? Quelle grâce serait meilleure que cette grâce : l'Eucharistie ? Sans doute, l'œuvre directe et capitale de la Rédemption est d'élever les hommes à la vie divine et d'en faire, comme dit l'Evangile, des « élus » ; mais, si elle ne suppose point comme conséquence immédiate et comme condition inévitable la participation intégrale de tous les « élus » à la vie humaine dans l'ordre économique, politique et social, elle la rend du moins possible, elle l'appelle et elle peut bien finir par l'exiger. La démocratie vraie apparaît ainsi comme le privilège de l'humanité rachetée : elle ne trouve ses ressources et sa complète expression que dans le christianisme (1).

(1) Veut-on entendre saint Grégoire-le-Grand affirmer, dans

Liberté, égalité, fraternité : ce sont donc, à bien l'entendre, des sentiments chrétiens, des institutions chrétiennes. Ces sentiments se développent, ces institutions s'établissent tout naturellement, et, comme une conséquence normale de leurs pensées les plus intimes et les plus chères, parmi ceux qui ont conscience de notre communauté d'origine et de nature et de l'universelle paternité divine. Cette direction donnée à ses aspirations et à ses efforts, ce sens social et démocratique, à qui le chrétien les doit-il si ce n'est à l'Homme-Dieu qui, par sa naissance et par sa mort, vint substituer à l'ancienne solidarité du péché et de la honte la solidarité de la grâce et de la gloire, et qui a fait presque des « dieux » de ceux qui n'étaient presque plus des hommes ?

***

Si les vérités que l'Eglise propose à croire font briller devant la pensée du croyant un idéal de vie autonome, libre et fraternelle, cet idéal est appelé à se réaliser peu à peu par l'observation de plus en plus fidèle des lois mêmes que l'Eglise impose.

Sait-on bien tout ce qu'il y a de libérateur dans le Décalogue ? N'est-on pas habitué à le considérer plutôt par le côté où il lie et oblige que par le côté où il affranchit et délivre ? C'est un des caractères singulièrement consolants de la Loi divine que, dans la mesure même où il se plie à ses exigences, l'homme

---

un document peu connu, cette intime relation de la liberté « évangélique » et de la liberté, tout court ? « *Puisque notre Rédempteur, auteur de toute créature, écrivait ce grand Pape, a voulu dans sa bonté se faire homme, afin de briser par la grâce de sa divinité les liens de servitude qui nous retenaient captifs, et de nous rendre notre liberté primitive, c'est donc une action salutaire de rendre leur liberté aux hommes que la nature, à l'origine, a faits libres et que le droit des gens a contraints à servir.* C'est pourquoi, dans cette pieuse intention et frappé que nous sommes par cette pensée, nous vous déclarons, vous, Montanus, et vous, Thomas, serviteurs de la Sainte Eglise Romaine dont nous sommes, Dieu aidant, le ministre, libres à partir de ce jour et citoyens romains. » *Corpus juris*, causa XII, q. 2, c. LXVIII.

prend conscience de ses prérogatives et de ses franchises. Les Commandements de Dieu et de l'Eglise offrent pour sa dignité, aussi bien que pour sa moralité, les plus sûres et les plus durables garanties : ils restent, sous les plus austères apparences, le Code suprême des droits, la charte vraie des libertés individuelles, familiales et civiques. Et si l'on veut ne pas regarder seulement aux devoirs qui sont l'objet immédiat des Commandements et aux droits qui dérivent de ces devoirs, mais aux conditions pratiques que ces devoirs et ces droits requièrent, aux situations économiques et sociales que leur exercice suppose, on sera frappé de la somme étonnante de bien-être et de sécurité que le Décalogue, mieux observé, pourrait fournir.

Il ne faut donc pas s'étonner que le Décalogue soit, par tous ces côtés, le programme essentiel et universel des revendications populaires auxquelles l'Eglise prête aujourd'hui l'appui de son influence et de son nom, le prestige de son passé et ses promesses d'avenir : tous les autres n'en sont que des déterminations accidentelles et locales.

Prenons l'un après l'autre les Commandements, et essayons d'en dégager les conséquences. Mettons la volonté de Dieu, — car, vraiment, c'est elle, — en face des vaines nécessités que la volonté des hommes lui oppose : nous serons facilement amenés à condamner, et sur des points réputés inattaquables, des axiomes économiques ou politiques dont la témérité imprévoyante et la prétentieuse futilité de ce temps ont fait des « lois ». Lois instables, châteaux de cartes que le souffle des poitrines chrétiennes jettera par terre, le jour où l'on saura entendre dans les paroles éternelles l'écho changeant des injustices présentes.

Religion, Famille, Propriété : tels sont, à prendre ces mots dans leur sens le plus large, les titres principaux sous lesquels on peut grouper les prescriptions du Décalogue. — A la Religion se rapportent les trois premiers commandements ; à la Famille, le quatrième et le neuvième, et aussi le sixième, indirectement ; à la Propriété, tous les autres, depuis le cinquième qui concerne les biens corporels (vie, santé, etc.) et le huitième qui concerne les biens moraux (réputation, honneur, etc.) jusqu'au septième et au dixième qui ont pour objet direct les biens matériels.

Or, par le fait même qu'elle règle les relations du croyant avec Dieu, avec les hommes, avec la Terre et qu'elle rétablit l'ordre sur ces points essentiels, la morale catholique supprime les trois principales causes de servitude qu'ont subies au cours des siècles le travail et les travailleurs : elle en prescrit, elle en organise l'affranchissement. Et elle affranchit du même coup le citoyen.

Parce qu'il est tenu d'adorer Dieu et de l'aimer parfaitement, avec toute son âme et de toutes ses forces, l'homme a le droit de vivre en « animal religieux ». Et toute combinaison économique ou sociale doit respecter cette forme supérieure de la vie, ce droit à la foi et à la grâce. A ce développement intellectuel, moral, surnaturel du chrétien, le Décalogue exige que l'on consacre un jour de chaque semaine, le dimanche, qu'il faut employer à servir Dieu dévotement en s'abstenant d'œuvres serviles. Et, de ce que le repos hebdomadaire est « commandé », que faut-il conclure ? Deux choses : la première, c'est que le repos quotidien est défendu et que le travail est de règle ; la deuxième, c'est que le salaire ou le gain des six jours doit être tel qu'il permette de vivre, le septième, sans travailler. De par Dieu, chacun a le droit d'être rentier le dimanche. Ceux donc qui tiennent sincèrement au repos hebdomadaire, pour des motifs très puissants de salubrité physique et morale, leur œuvre première est de s'appliquer à le rendre possible : or, sera-t-il possible

tant que des ouvriers seront contraints, pour suffire durant une semaine à leur entretien, de travailler sept jours ? Sera-t-il possible, tant qu'ils
devront suppléer à l'abstention coupable des oisifs
volontaires et subvenir à leurs dépenses ?

L'œuvre de libération que le Décalogue inaugure
en ajoutant aux droits de l'homme les droits du
chrétien dans l'ordre religieux et social, il la continue par son action sur la famille. — En proclamant le caractère indissoluble du lien conjugal, en
imposant le respect du mariage et de ses fins, il
écarte toutes les formes du malthusianisme, de
l'union libre et du divorce. C'est que la raison d'être
de la famille, c'est l'enfant. La vie corporelle, intellectuelle, morale, religieuse de l'enfant crée aux
parents de nouveaux droits. Pour élever l'enfant, la
mère a sa place normale et nécessaire au foyer,
et non point à l'usine. Pour subvenir aux besoins de
l'enfant, le père doit tirer de son travail un profit régulier qui lui permette de s'acquitter honnêtement
de cette charge. Et pour faire, enfin, de l'enfant un
homme, les « père et mère » doivent être eux-mêmes
— et pouvoir être — des représentants suffisamment
« honorables » de l'humanité.

Par une analogie que les faits ont longtemps justifiée, on a étendu ces devoirs et ces droits respectifs
des parents et des enfants aux « maîtres » et aux
« serviteurs », à la « famille ouvrière ». L'état social
a subi, depuis un siècle, des transformations telles
qu'aujourd'hui on a de la peine à assimiler les « patrons » aux « pères, » (quelle que soit d'ailleurs l'indéniable parenté de ces deux fonctions), et les ouvriers
aux « enfants ». Aussi trouve-t-on dans le Décalogue même d'autres principes qui règlent les mutuelles relations des uns et des autres, indépendamment du sort éventuel que leur réserve l'avenir.

Au premier rang des biens dont le Décalogue
commande le respect, il faut placer l'estime, la réputation, l'honneur, qui découlent de l'opinion d'au-

trui, et que le mensonge, le faux témoignage, la calomnie tarissent dans leur source. — Reprocher à toute une classe les fautes de quelques-uns de ceux qui la composent, lui attribuer à l'exclusion des autres des vices que l'on trouve partout parce qu'ils proviennent du fonds d'humanité que chacun porte en soi, et juger de sa moralité en dehors des conditions matérielles d'existence qui lui sont faites : n'est-ce pas, pour nous en tenir à cet exemple frappant, discréditer imprudemment les plus accablés de nos frères, retarder indéfiniment l'amélioration de leur sort en le subordonnant à la pratique habituelle de l'héroïsme et provoquer de leur part des représailles violentes, puisque, tôt ou tard, les juges sont jugés et les faux témoins traduits au banc des accusés ?

Pour être moins précieux, les biens matériels n'ont pas des bases moins justes et un rôle moins important ; et, s'il est nécessaire de préserver, contre les théories des collectivistes, le principe de la propriété privée, il n'est pas moins urgent de protéger les propriétaires contre les pratiques des exploiteurs. Or, avant de posséder une somme d'argent ou un coin de terre, que possède l'homme ? Son travail et ses bras. Aussi, de toutes les formes de l'usure, la plus infamante et la répréhensible est-elle celle qui consiste à trafiquer, serait-ce légalement, des sueurs d'autrui. Et, comme il n'y a pas de produit sans effort producteur, quiconque participe à l'un sans avoir sa part suffisante de l'autre est donc fraudé ou fraude lui-même le corps social : la misère « imméritée » du travailleur et l'oisiveté du jouisseur tombent également sous le coup du septième commandement de Dieu.

Nous n'avons considéré jusqu'ici que les alentours de la personne humaine : les biens de l'âme, les biens du corps priment cependant tous les autres, et en sont la mesure. — Ce développement intellectuel, moral, spirituel de l'homme, déjà prescrit par les commandements qui ont Dieu pour ob-

jet, s'impose ici sous un nouvel aspect, sous peine
de mutilation et d'homicide. Il faut y ajouter les
biens corporels et, à ce point de vue, condamner
tout travail anormal et démesuré, ou hors de pro-
portion avec l'âge, le sexe, les forces, ou dangereux
et contre les risques duquel on est mal garanti.

Les prescriptions des cinquième et sixième commandements de l'Eglise complètent ces considérations. La double loi de l'abstinence et du jeûne qui s'y
trouve promulguée, n'affirme-t-elle pas implicite-
ment la nécessité d'une alimentation réparatrice, en
même temps qu'elle en détermine presque la nature
et les conditions ? Combien l'Eglise nous presse de
l'observer, l'abstinence pieuse du vendredi et du
samedi, le jeûne et l'abstinence des Vigiles, des
Quatre-Temps et du Carême « entièrement » ! Du
vendredi et du samedi, notons-le bien, et des vigiles
et des quatre-temps et du carême : et donc, d'un jour
ou deux par semaine et de certains jours déterminés
par an. L'abstinence est une exception : le jeûne
aussi.

Parfaitement ; mais ceux qui jeûnent plus qu'ils
ne le souhaiteraient, et qui connaissent les angoisses
de la faim ? Et ceux encore qui, faute de ressources,
ne peuvent presque jamais manger de la « chair »,
et n'aperçoivent le bœuf gras que de loin, parmi les
gaies promenades du Carnaval, si cruelles pour
eux et si dépourvues de sens et de raison d'être ?
Sont-ils placés dans les conditions d'existence normale que demande l'Eglise, et ne manquent-ils
point de la nourriture suffisante et saine que supposent les commandements ? — Peut-être ne serait-ce
rien ou peu de chose ; peut-être ne plaindrait-on
qu'à demi ces « végétariens » malgré eux, si l'abstinence n'était un châtiment volontaire ou, pour l'appeler de son vrai nom, une pénitence : non pas une
pénitence inévitable et nécessaire comme les mala-
dies et la mort, mais spontanée et qui doit, pour
être méritoire, avoir été librement consentie. Il n'y

a pas deux lois : l'une, qui oblige ceux-ci à l'abstinence hebdomadaire et au jeûne quadragésimal,
l'autre, qui impose à ceux-là l'abstinence à peu près
quotidienne et le jeûne intermittent. Toutes les fois
que ces « pénitences » perdent leur caractère excep-
tionnel et volontaire et deviennent le régime à peu
près ordinaire et forcé d'un homme, d'une famille,
il y a désordre : et ces commandements de l'Eglise
sont presque, à raison des circonstances, pour une
partie de ceux auxquels ils s'adressent, une ironie.
Amère ironie et, en même temps, compensation
cruelle, si de telles privations ne sont le lot des uns
qu'en raison du luxe effréné des autres et pour en
être la rançon !

*
* *

« J'ai entendu des hommes s'écrier : des saints,
des saints ! qui nous donnera des saints pour nous
sauver ! Et j'ai trouvé la sainteté diffuse dans les
masses populaires... La sainteté s'est démocrati-
sée (1). » Personne, assurément, ne pense à trouver
mal que, dans la détresse présente, chacun se jette
à genoux en demandant des saints. Cependant n'y
a-t-il point, dans cette pieuse obstination à réclamer
un « sauveur » surnaturel, et à ne s'appuyer que
sur son extraordinaire intervention, un phénomène
analogue à l'attente tenace d'un « sauveur » politique ? Peut-être serait-il aisé de montrer, dissimulée
sous ces deux formes contemporaines du césarisme,
une défiance excessive de Dieu, du peuple et de la
hiérarchie catholique. — Le salut est dans le peuple,
aujourd'hui surtout que le peuple est l'arbitre de ses
destinées et des nôtres ; c'est par le peuple, devenu
intégralement chrétien, que nous l'obtiendrons. Le
salut est dans la formation catholique de la démocratie.

(1) Léon HARMEL, *Lettre ouverte à M. l'abbé Naudet,* publiée
dans le *Monde* du 21 novembre 1895.

Pense-t-on assez à tout ce qu'il y a d'éléments rédempteurs dans le peuple, et voit-on combien il réalise déjà, dans son état même, les conditions *matérielles* de la sainteté et du salut ? Les passions et les vices des individus, quelles qu'en soient les causes, ne changent rien à ce fait caractéristique. Où y a-t-il plus de labeur et d'endurance, une plus grande dépendance vis-à-vis des hommes et des choses, un détachement plus effectif du monde et de ses biens ? Chose frappante ! Ceux mêmes qui ne viennent pas du peuple y reviennent toujours, par un détour inévitable, s'ils vont apprendre à l'école de Jésus ce que c'est que la pauvreté, l'obéissance, l'humilité ; et ce n'est pas une des moindres merveilles de l'histoire de l'Église que de voir les saints et les moines s'astreindre volontairement à la vie populaire, par le fait même de leur sainteté ou de leurs vœux, et devenir par un libre choix travailleurs ou mendiants, « humbles » ou serviteurs des « humbles ».

On se rappelle cette troublante page d'Évangile où Jésus, dans un discours pénétrant, s'assimile aux va-nu-pieds et aux meurt-de-faim, aux prisonniers et aux prolétaires. Eux, c'est Lui. Et si c'est Lui, — peut-on n'y pas penser ? — quelles stations douloureuses, quelle sueur de sang et d'eau, quels crachats au visage et quels affronts, quel supplice, quelle croix ! Ah ! les chemins durs à monter par où passe le peuple : car ils sont bien le peuple, tous ces pauvres et tous ces humiliés. Et quelle Passion ! La « passion » dans le corps et dans l'âme, et faite, cette fois, d'ignorance et de haine, comme l'autre de lumière et d'amour !... Suprême ironie, ce patient est roi. Tout en haut de la croix on a cloué cet écriteau : « Le Peuple Souverain ». — Ne dites pas qu'il est souverain, crient les prudents, mais qu'il veut l'être. — Leurs protestations se perdent dans le tumulte d'alentour. A peine entend-on quelques Pilates répondre : C'est écrit !

En effet, c'est écrit ! Mais ceux qui s'en lavent les mains et ceux qui s'en vantent ont-ils conscience de l'attraction toute-puissante que va exercer sur toutes ces misères la Croix libératrice de l'Homme-Dieu ? C'est de l'Homme-Dieu que les souffrances du peuple recevront leur *forme* ; la Croix y imprimera le caractère chrétien qu'elles n'auraient point sans elle. C'est là qu'elles trouveront leur sens ; c'est de là que leur efficacité viendra.

A les regarder sous cet angle, ne deviennent-elles pas aussi consolantes que mystérieuses ? Eh ! oui, le peuple qui est l'asservi, l'humilié, le crucifié de tous les âges et de toutes les civilisations, nous apporte le salut dans ses servitudes et ses humiliations mêmes. Que seulement l'image sanglante et douloureuse de Jésus lui apparaisse, en traits de lumière, dans le ciel noir et trouble ; et une sympathie née d'abord de l'intime affinité des conditions l'attirera vers elle. C'est à l'éducation chrétienne de la lui montrer. Averti par ses propres souffrances, éclairé par sa foi, soutenu par sa volonté et par cette force : la grâce de Dieu, le peuple ira au Rédempteur et, à sa suite, entraînera le monde. Les « vieux » dogmes qu'il croira lui expliqueront les temps nouveaux ; les « commandements » qu'il observera l'en rendront digne.

Dans l'histoire et dans l'art, un double mouvement s'est opéré, en sens inverse, autour de l'œuvre et du nom de Jésus. Tandis que les uns, s'aidant de l'exégèse et de la critique, de la linguistique et de l'ethnographie, représentent l'Homme-Dieu tel qu'il *a* vécu dans l'humble province galiléenne où il travaillait de ses mains, d'autres s'efforcent de le montrer tel qu'il *aurait* vécu dans un milieu populaire d'aujourd'hui et ne craignent pas de le vêtir en charpentier contemporain, en homme de peine et de labeur qui sait équarrir une poutre et manier un marteau. — C'est ainsi qu'un peintre anglais de ce siècle a représenté Jésus ouvrier, debout près d'un établi de l'échoppe paternelle, à l'instant même où, las d'un long labeur, il étend ses membres engourdis : pendant qu'il s'étire, son corps et ses bras projettent sur le mur d'en face une grande croix d'ombre. — N'est-ce pas un symbole de la vie populaire ? Le peuple peine, gémit, sue sang et eau. Les souffrances du Christ se continuent et s'achèvent en lui : il dépend de lui et de nous que ces souffrances soient rédemptrices et sanctifiantes, et que l'humanité marche et progresse à l'ombre de la croix où il est rivé.

TABLE DES MATIÈRES

831-99. Imprimerie des Orphelins-Apprentis d'Auteuil, D. Fontaine,
40, rue La Fontaine, Paris.